公路桥梁施工
与项目管理

>>>>>>>>>>>>>>>>>>>>>

刘 辉 郭阿楠 邹会强◎编著

四川科学技术出版社

图书在版编目（CIP）数据

公路桥梁施工与项目管理 / 刘辉，郭阿楠，邹会强
编著 . -- 成都 : 四川科学技术出版社，2023.12（2024.7 重印）
　ISBN 978-7-5727-1219-7

　Ⅰ . ①公… Ⅱ . ①刘… ②郭… ③邹… Ⅲ . ①公路桥
—桥梁施工—项目管理—研究 Ⅳ . ① U448.145

中国国家版本馆 CIP 数据核字（2023）第 233655 号

公路桥梁施工与项目管理
GONGLU QIAOLIANG SHIGONG YU XIANGMU GUANLI

编 著 者　刘　辉　郭阿楠　邹会强

出 品 人　程佳月
责任编辑　朱　光
助理编辑　陈室霖
封面设计　星辰创意
责任出版　欧晓春
出版发行　四川科学技术出版社
　　　　　地址：成都市锦江区三色路 238 号
　　　　　邮政编码：610023
　　　　　官方微博：http://weibo.com/sckjcbs
　　　　　官方微信公众号：sckjcbs
　　　　　传真：028-86361756
成品尺寸　170 mm × 240 mm
印　　张　10.25
字　　数　200 千
印　　刷　三河市嵩川印刷有限公司
版　　次　2023 年 12 月第 1 版
印　　次　2024 年 7 月第 2 次印刷
定　　价　65.00 元

ISBN 978-7-5727-1219-7
邮　　购：成都市锦江区三色路 238 号新华之星 A 座 25 层
邮政编码：610023
电　　话：028-86361770

PREFACE 前言

随着我国经济的快速发展，交通基础设施领域的建设受到社会的广泛关注和重视，使建设资金的投入不断增长。我国的公路桥梁工程行业也得到了迅猛发展，无论是公路建设还是桥梁建设都在按照规划有序进行。

近年来，我国机动车保有量的增长速度远远超过了公路桥梁的建设速度，加快公路桥梁建设迫在眉睫。只有提高对公路桥梁建设网的投入，才能在一定程度上缓解交通拥堵、交通事故等一系列交通问题。此外，交通物流的快速发展使我国公路桥梁使用率大幅提升，导致其对路基、路面、配套设施的要求逐渐提高。因此，发展公路桥梁建设技术，研究出更安全、更耐用的产品，设计出更为合理的交通方案，才能使公路桥梁建设更好地满足社会发展的需求。

公路桥梁工程施工项目属于一次性工程，其特点是规模大、变动因素多、施工单位流动性强、行业竞争激烈，这些特点要求必须提高项目的管理工作水平，使公路桥梁施工企业按照项目管理要求设置施工组织机构，组建施工队伍，对工程项目实施过程组织。同时，要保证工程进度、质量、劳动、机械、材料、成本、安全、环境、资料、竣工验收等方面的相互协调，并得到较好的控制，以保证项目顺利完成。同时，新技术、新工艺、新设备、新材料不断涌现，对公路桥梁工程人员的要求越来越高。公路桥梁工程基层施工组织中技术人员的业务水平和管理能力的高低，已经成为公路工程建设项目能否有序、高效、高质量完成的关键。

本书共六章，分别从公路桥梁工程概述、工程项目管理理论基础、公路工程施工、公路工程项目管理、桥梁工程施工、桥梁工程项目管理进行了介绍，重点阐述了公路及桥梁的基本组成、公路路基施工、公路沥青路面施工、桥梁工程基础施工、桥面的布局与结构、公路工程现场管理、桥梁工程安全性检测管理等，注重理论与实践结合，旨在为现代公路桥梁工程的施工及项目管理提供一定思路，确保公路桥梁施工与项目管理的各个环节顺利开展。希望本书能为公路桥梁工程事业的发展贡献一份力量。

CONTENTS
目 录

第一章 公路桥梁工程概述

第一节 公路工程概述

一、公路的基本组成

公路是布置在地表供各种车辆行驶的一种线形带状结构物，它在各种自然因素的长期影响下，主要承受各种汽车荷载的反复作用。公路设计包括线形几何设计和工程结构设计两大部分。

（一）公路基本组成

公路由于受自然条件的限制，在平面上有转折，在纵面上有起伏。在转折点和起伏变化点处为满足车辆行驶的顺畅、安全和一定速度的要求，必须用一定半径的曲线连接，故路线在平面和纵面上都是由直线和曲线两大部分组成。平面上的曲线称为平曲线，而纵断面因是公路中线在立面上的投影，起伏是指竖向标高的变化，故纵面上的曲线称为竖曲线。

1. 工程结构组成

公路的工程结构部分包括路基、路面、桥梁、涵洞、隧道、防护工程（护坡、挡土墙、护脚等）、排水设备（边沟、截水沟）、排水（盲沟、急流槽、过水路面、浸水路堤、倒虹吸管等）、山区公路特殊构造物（半山桥、明洞等）。此外，为满足行车的安全、畅通和舒适，需设置安全设备，还需设置各种附属工程，如公路标志、护栏、路用房屋、加油站、通信设施及绿化栽植等。

（1）路基

路基是公路的重要组成部分，是公路线形构造物的主体，它贯穿公路全线，与桥梁、隧道相连，路基也是路面的基础。

作用：路基主要用以承受路面传递下来的行车荷载，是保证路面强度与稳定性的重要结构。路基的修建是为了给路面提供一个平整的底面层做"填低挖高"

的过程。

路基组成：路基由路肩、边坡、排水系统和防护设施组成。

对路基的要求：①具有足够的整体稳定性。②具有足够的强度。③具有足够的水温稳定性。

路基的基本形式：路堤，高于天然地面的填方路基。路堑，低于天然地面的挖方路基。半填半挖路基，介于路堤与路堑之间的路基。

路基排水设施的种类：路基排水设施的种类有边沟、截水沟、排水沟、跌水、盲沟、渗沟。

（2）路面

路面是供车辆直接在其表面行驶的道路构造物（简单地说，是路槽内用坚硬的材料做成的一个结构层）。

作用：担负车辆的重量和车轮转动时的磨耗，并承受自然因素的作用。

对路面的基本要求：①具有足够的强度。②具有足够的稳定性。③具有足够的平整度。④具有足够的抗滑性。⑤具有足够的不透水性。

路面的结构层从上往下分别是面层、基层、垫层。

面层：是路面结构层最上面的一个层次。面层材料应具备较高的力学强度和稳定性且应当耐磨不透水。当面层为双层时，上面一层称面层上层，下面一层称面层下层。中、低级路面面层上所设的磨耗层和保护层亦包括在面层之内。

基层：是路面结构层中的承重部分（主要承受车轮荷载的竖向力，并把由面层传下来的应力扩散到垫层或土基），基层材料应具有足够的强度和稳定性，同时应具备良好的扩散应力的性能（基层有时分两层铺筑，上面一层仍称基层，下面一层称底基层）。

垫层：介于基层和土基之间的层次，起排水、隔水、防冻或防污等多方面的作用。

路面等级（不同于公路等级）：按面层的使用品质划分为高级路面、次高级路面、中级路面、低级路面。

路面类型：分为柔性路面及刚性路面。

沥青路面类型如下：①沥青表面处治路面。②冷拌沥青碎（砾）石路面。③沥青贯入式碎（砾）石路面。④沥青上拌下贯式路面。⑤热拌沥青碎石混合料路面。⑥沥青混凝土路面。

（3）桥梁

桥梁为公路、铁路、城市道路等跨越河流、山谷等天然或人工障碍而建造的建筑物。《公路工程技术标准》（JTJ B01–2014），定义凡单孔标准跨径大于或等于5 m的或多孔跨径总长大于或等于8 m的，都称为桥梁，否则为涵洞。

2. 公路涵洞的组成部分及各部分作用

涵洞主要为排泄地面水流而设置的贯穿路基的小型排水构造物。

（1）基础

基础是承受整个建筑物的重量，保证整个建筑物的稳定和牢固，防止因水流冲刷而造成结构沉陷和坍塌。

（2）洞身

洞身包括墩台和涵顶。墩台的作用是承受路基土的挤压力，保证洞身的稳固；涵顶的作用在于把隔开的墩台连接起来，形成能够流水的孔洞，创造路基连贯条件。

（3）洞口

洞口又分为进水口和出水口。进水口的作用是来水导流，出水口的作用是散水防冲。

3. 公路横断面的设计

（1）横断面

公路中线上任意一点的法线方向剖面图构成公路的横断面图，它是由横断面设计线与横断面地面线所围成的图形。横断面上的内容包括：行车道、中间带、路肩、碎落台、填方边坡、挖方边坡、边沟、排水沟、护坡道以及防护工程（如护坡、挡土墙）、安全设施与公路绿化等设施，高速公路和一级公路上还有加（减）速车道、爬坡车道等。

（2）横断面设计

横断面设计就是结合公路等级、交通量、通行能力以及公路沿线的地形、地质情况，公路平面设计和纵断面各个因素等经综合考虑后确定，设计时力争使构成断面的各要素之间相互协调，做到组成合理、用地节省、工程经济和有利于环境保护。

（3）横断面设计的主要内容

横断面设计的主要内容是：确定标准横断面的车道数与路基宽度、断面构成与形式；结合公路沿线地形特点提出相应的典型横断面形式，各组成部分的形状、位置和尺寸；根据各桩号的横断面地面线情况绘制横断面设计线，计算各断面的填挖面积，然后进行全线的路基土石方数量的调配。

（4）路基标准横断面

路基标准横断面是根据设计交通量、交通组成、设计车速、通行能力和满足交通安全的要求，按公路等级、断面的类型、路线所处地形规定的路基横断面各组成部分横向尺寸的技术标准。

公路路基横断面的一般组成具体如下。

行车道：公路上供各种车辆行驶部分的总称，包括快车行车道和慢车行车道。

路肩：位于行车道外缘至路基边缘具有一定宽度的带状结构部分，路肩分土路肩和硬路肩两类。

中间带：高速公路、一级公路上用于分隔对向车辆的路幅组成部分，通常设于车道中间。

公路路基横断面的特殊组成具体如下。

爬坡车道：设置在高速公路，一、二级公路的上坡路段，供慢速上坡车辆行驶用车道。

加（减）速车道：供车辆驶入（离）高速车流之前（后）加速（减速）用车道。

错车道：在单车道道路上可通视的一定距离内，供车辆交错避让用的一段加宽车道。

紧急停车带：在高速公路、一级公路上，供车辆临时发生故障或其他原因紧急停车使用的临时停车地带。

避险车道：设置于连续长、陡下坡路段右侧弯道以避免车辆在行驶中速度失控而造成事故的路段，是在特殊路段设置的安全车道。

（5）各级公路横断面的宽度组成

高速公路、一级公路的路基横断面分为整体式和分离式两类。整体式断面包括行车道、中间带（中央分隔带及左侧路缘带）、路肩（硬路肩及土路肩）以及紧急停车带、爬坡车道、加（减）速车道等组成部分；分离式断面包括行车道、路肩（硬路肩及土路肩）以及紧急停车带、爬坡车道、加（减）速车道等组成部分，分离式断面是一种将上、下行车道放在不同平面上，中间带随地形变宽的断面形式。

二级公路的路基横断面包括行车道、中间带、路肩等组成部分。二级公路位于中、小城市城乡接合部、混合交通量大的连接路段，实行快、慢车道分开行驶时，可根据当地经验设置右侧硬路肩。

三、四级公路的路基横断面包括行车道、路肩以及错车道等组成部分。

公路路基宽度一般是指行车道与路肩宽度之和。当设有中间带、紧急停车带、爬坡车道、加（减）速车道、错车道时，应包括在路基宽度内。

"一般值"为正常情况下的采用值；"最小值"为条件受限制时的采用值。八车道高速公路路基宽度"一般值"为设置左侧硬路肩、内侧车道采用 3.5 m 时的宽度；八车道高速公路路基宽度"最小值"为不设左侧硬路肩、内侧车道采用 3.75 m 时的宽度。

二级公路因交通量、交通组成等需设置慢车道的路段，设计速度为 80 km/h 时，其路基宽度可采用 15 m；设计速度为 60 km/h 时可采用 12 m。四级公路宜采用双车道路基宽度；交通量小的路段，可采用单车道 4.5 m 的路基宽度，但应在适当距离内设置错车道。

4. 路肩的组成、作用及宽度

（1）路肩的组成

路肩通常由右侧路缘带（高速公路、一级公路）、硬路肩和土路肩三部分组成。

（2）路肩的作用

第一，增加路幅的富余宽度，供临时停车、错车或堆放养路材料之用，同时对提高行车道通行能力也有辅助作用。第二，为填方地段通车后的路基提供宽度损失。据调查，填方路堤通车后由于自然力的破坏，一般路基边缘会形成约 0.2 m 的圆角，使路基实际宽度减少，路肩宽度可使这部分宽度损失得以补偿，同时也保护路面，作为路面横向支承之用。第三，有利于诱导驾驶员的视线，开阔视野，增加行车的舒适感和安全感。第四，为公路的其他设施（如护墙、护栏、绿化带、电杆、地下管线等）提供设置的场地。

（3）路肩宽度

路肩宽度应在满足路肩功能要求的条件下，尽量采用较窄宽度的原则确定。高速公路、一级公路的路肩宽度应考虑发生故障车辆随时都可在路肩上停置所需的宽度。

（4）加（减）速车道

车辆由低等级公路进入高速公路或一级公路时，其行驶的速度发生改变，出现了高速公路入口处的加速合流与高速公路出口处的减速分流，从而造成行车不利。为保证其他车辆的正常行驶，在高速公路、一级公路的互通式立体交叉、服务区、停车区、公共汽车停靠站、管理与养护设施等与主线相衔接处，应设置加速车道和减速车道。加（减）速车道宽度应为 3.5 m。加（减）速车道的长度与速度变化范围、车辆特性等因素有关，可经计算确定，设计时可根据《公路路基设计规范》的有关要求实施。

（5）错车道

四级公路当路基宽度采用 4.5 m 时，应在相距不大于 300 m 范围内设置错车道，其目的是解决双向行车的错车问题。错车道应设在有利地点，使驾驶员能够看清相邻两错车道间的车辆，错车路段的路基宽度 ≥ 6.5 m，有效长度 ≥ 20 m。

（6）紧急停车带

紧急停车带是车辆发生故障时紧急停车的区域。当硬路肩的宽度足以停车时无须设置紧急停车的区域。高速公路、一级公路的右侧硬路肩宽度小于 2.5 m 时，应设紧急停车带。紧急停车带的间距不宜大于 2 km，宽度一般为 5 m，有效长度一般为 50 m，并设置 100 m 和 150 m 的过渡段。高速公路、一级公路的特长桥梁、隧道，根据需要可设置紧急停车带，其间距不宜大于 750 m。

（7）路拱及路肩横坡度

为了利于路面横向排水，将路面做成由中央向两侧倾斜的拱形，称为路拱。路拱的基本形式很多，各有特点，常用的有抛物线形、直线形和折线形三种。在设计道路横断面时，路拱及路肩横坡度应根据行车道宽度、路面结构类型、排水和当地自然条件等而定。

（二）路基典型横断面

在公路几何线形设计中，我们把经常采用的具有代表性的公路路基横断面称为典型横断面。在典型横断面中，我们把高于原地面的填方路基称为路堤，低于原地面的挖方路基称为路堑，在一个断面内，部分要填，另一部分要挖的路基称为半填半挖路基。由于自然地形、地质条件的多样性，可因此派生出一系列类似的断面形式，它们在公路设计中经常被采用。此外，为了保证路基稳定和行车安全，应根据实际需要设置取土坑、弃土堆、护坡道、碎落台、堆料坪等，这些都是路基主体工程不可缺少的部分。

1. 常用的典型横断面选用

（1）路堤

路堤是指填筑在地面线以上的路基形式，也称填方路基。路堤包括一般路堤、矮路堤、陡坡路堤、高路堤、浸水路堤（沿河路堤）、护脚路堤、挖沟填筑路堤、吹（填）砂（粉煤灰）路堤等。填土高度小于 1.0 m 的路堤称为矮路堤，在填土高度小于 0.5 m 时，为保证路基最小填土高度及能顺利地排除路面、路肩和边坡表面水的需要，应设置边沟。

（2）路堑

路堑是指全部在原地面开挖而成的路基，也称挖方路基，路堑路段均应设置边沟；为拦截和排除上侧地面水以保证边坡稳定，应在坡顶 5 m 外设置截水沟。挖路堑所废弃的土石方，应弃置于下侧坡顶外至少 3 m，并做成形状规则的弃土堆；当挖方高度较大或土质变化时，边坡应随之做成折线形或台阶式边坡以保证稳定。

（3）半填半挖路基

当原地面横坡大，且路基较宽，需一侧开挖另一侧填筑时，为挖填结合路基，也称半填半挖路基。在丘陵或山区公路上，挖填结合是路基横断面的主要形式。当地面横坡大于 1∶5 时（包括一般路堤在内），为保证填土的稳定，应将原地面挖成台阶，台阶的高度应视填料性质和施工方法而定，挖方部分与一般路堑相同。

各种典型路基横断面要结合实际地形选用，且应以路基稳定、行车安全、工程量小和经济适用为前提。

2. 取土坑与弃土堆

将公路沿线挖取土方填筑路基或作为养护材料所留下的整齐土坑称为取土坑；将开挖路基废弃的土，按一定的规则形状堆放于公路沿线一定距离内称为弃土堆。无论取土还是弃土，首先要选择合理的地点，一般应从土质、数量、占地及运输等方面考虑选点；其次要结合农田水利、改地造田、少占或不占良田、维护自然生态平衡合理选点，从而做到"借之有利，弃之无害"。

（1）取土坑

取土坑分为路侧取土和路外集中取土两种。当地面坡度不大于 1∶10 的平坦地区，可在路基两侧设置取土坑。取土坑一般设置在地势较高的一侧，其深度和宽度应视取土数量、施工方法及用地许可条件而定。平原区一般深度为 1 m。为防止坑内积水，路基坡脚与坑之间，当堤顶与坑底高差超过 2 m 时，需设宽度 1 m 的护坡道，坑底设纵横排水坡及相应设施。

（2）取土坑的位置

河流淹没地段的桥头引道两侧一般不设取土坑。河滩上的取土坑，应与调治构造物的位置相适应。一般距河流水位界 10 m 以外，并不得长期积水危害路基或构造物的稳定。

（3）废方的处理

开挖路基的废方，应妥善处理，充分利用；如用于公路、农田水利、基建等，做到变废为宝，弃而不乱，对无法加以利用的弃土，应防止乱弃而造成水土流失，危害路基及农田水利，淤塞河道。

（4）废方的处理位置

废方一般选择在沿线附近低洼荒地或路堑下坡一侧堆放。沿河路基的废石方，条件允许时，可以部分占用河道，但不能造成河道上游壅水，危及路基及附近农田。如需在路堑上侧弃土，应堆弃平整，顶面具有适当横坡，并设置平台三角土埂及排水沟渠，积砂或积雪地段的弃土堆，为有利防砂防雪，一般设在迎风一侧。路堑深度大于 1.5 m 时，弃土堆距坡顶至少 20 m。浅而开阔的路堑两旁不得设弃土堆。

3. 护坡道与碎落台

（1）护坡道的作用

护坡道的作用是缓减路堤边坡的平均坡度，是保证路堤稳定的技术措施之一。一般情况下，当路堤填土高度（指路基边缘与取土坑内侧底面的高差）小于或等于 3 m 时，可不设护坡道，取土坑内侧坡顶可与路堤坡脚径向衔接，并采用路堤边坡坡度；当高差大于 2 m 时，应设置宽度为 1 m 的护坡道；当高差大于 6 m 时，应设置宽度为 2 m 的护坡道。为利于排水，护坡道表面应做成向外侧倾斜 2% 的横坡。在地质和排水条件良好的路段，或通过经济作物、高产田的路段，若采取一定措施可以保证路堤稳定时，护坡道可另行设计。

（2）碎落台的作用

碎落台通常设置在路堑边坡坡脚与边沟外侧边缘之间，有时也设在边坡中部，其作用是防止零星土石碎落物落入边沟，碎落台宽度一般为 1~1.5 m。对风化严重的岩石边坡或不良土质边坡，一般为 1 ~ 1.5 m，其顶部宽度大于 0.5 m，墙高 1 ~ 2 m。

二、公路的分类

公路工程是供各类无轨车辆和行人等通行的基础设施。公路是一种带状构筑物，其中心线是一条空间曲线，具有高差大、曲线多且占地狭长的特点。公路工程施工图的表现方法与其他工程图有所不同。公路工程施工图由平面图、纵断面图、横断面图及构造详图组成。

公路作为一个总称，可分为城市公路、公路、农村公路、专用公路。

（一）城市公路

城市公路是在城市范围内，联系各组成部分，并供车辆及行人通行的、具备一定技术条件和设施的公路。按在公路系统中的地位、交通功能与对沿线建筑物的服务功能等来划分，城市公路可分为快速路、主干路、次干路与支路。

1. 快速路

快速路是为较高车速的长距离交通而设置的重要公路。快速路对向车道之间应设中间带以分隔对向交通，当有自行车通行时，应加设两侧带。快速路与高速公路、快速路、主干路相交时，必须采用立体交叉；与交通量较小的次干路相交时，可采用平面交叉；与支路不能直接相交。在过路行人集中地点应设置过街人行天桥或地下通道。

2. 主干路

主干路是城市公路网的骨架，为连接城市各主要分区的交通干路，以交通功能为主。自行车交通多时，宜采用机动车与非机动车分流形式，如三幅路或四幅路。

3. 次干路

次干路是城市的交通干路，兼有服务功能。次干路配合主干路组成公路网，起广泛连接城市各部分与集散交通的作用。

4. 支路

支路是次干路与街巷路的连接线，解决局部地区交通，以服务功能为主。街巷内部公路，作为街巷建筑的公共设施组成部分，不列入等级公路以内。

（二）公路

公路是指在城市以外，连接相邻市县、乡村、港口、厂矿和林区等，主要供汽车行驶，且具备一定技术条件和交通设施的公路。根据其功能、使用任务和远景交通量等综合因素可分为5个等级：高速公路、一级公路、二级公路、三级公路和四级公路。

1. 高速公路

高速公路是专供汽车分向、分车道行驶，并应全部控制出入的多车道公路，一般能适应将各种汽车折合成小客车的远景设计年限，年平均昼夜交通量25 000辆以上（四车道：25 000～55 000辆；六车道：45 000～80 000辆；八车道：60 000～100 000辆）。

2. 一级公路

一级公路是供汽车分向、分车道行驶，并可根据需要部分控制出入及部分立体交叉的多车道公路，一般能适应将各种汽车折合成小客车的远景设计年限，年平均昼夜交通量15 000～55 000辆（四车道：15 000～30 000辆；六车道：25 000～55 000辆）。

3. 二级公路

二级公路是供汽车行驶的双车道公路，一般能适应将各种汽车折合成小客车的远景设计年限，年平均昼夜交通量7 500～15 000辆。

4. 三级公路

三级公路是主要供汽车行驶的双车道公路，一般能适应将各种汽车折合成小客车的远景设计年限，年平均昼夜交通量2 000～6 000辆，为沟通县及县以上城市的一般干线公路。

5. 四级公路

四级公路是主要供汽车行驶的双车道或单车道公路，一般能适应将各种汽车折合成小客车的远景设计年限，年平均昼夜交通量2 000辆（单车道400辆）以下，为沟通县、镇、乡的支线公路。

公路按其重要性和使用性质又可分为国家干线公路（国道）、省级干线公路（省道）、县级公路（县道）和乡级公路（乡道）。

（三）农村公路

农村公路一般是指在农村中联系乡、村、居民点的主要公路，其交通性质、特点、技术标准要求等均与公路不同。

（四）专用公路

专用公路包括厂矿公路和林区公路。厂矿公路是指修建在工厂、矿区内部以及厂矿到公路、城市公路、车站、港口衔接处的对外连接段，主要为工厂、矿山运输车辆通行的公路。林区公路是指修建在林区，主要供各种林业运输工具通行的公路。

第二节　桥梁工程概述

一、桥梁的基本构成

（一）桥梁的五"大部件"与五"小部件"

五"大部件"：桥跨结构、支座系统、桥墩、桥台、墩台基础。

五"小部件"：桥面铺装（或称行车道铺装）、排水防水系统、栏杆（或防撞栏杆）、伸缩缝、灯光照明。

（二）相关尺寸术语名称

1. 净跨径

净跨径是设计洪水位上相邻两个桥墩（或桥台）之间的净距，用 l_0 表示。对于拱式桥，净跨径是指每孔拱跨两个拱脚截面最低点之间的水平距离。

2. 总跨径

总跨径是多孔桥梁中各孔净跨径的总和，也称桥梁孔径，它反映了桥下宣泄洪水的能力。

3. 计算跨径

对于具有支座的桥梁,计算跨径是指桥跨结构相邻两个支座中心之间的距离，用 l 表示。对于拱式桥，拱圈（或拱肋）各截面形心点的连线称为拱轴线，计算跨径为拱轴线两端点之间的水平距离。

4 桥梁全长（简称桥长）

桥长是桥梁两端两个桥台的侧墙或八字墙后端点之间的距离，用 L 表示。无桥台的桥梁桥长为桥面系行车道的全长。

5. 桥梁高度（简称桥高）

桥高是指桥面与低水位之间的高差，或为桥面与桥下线路面之间的距离。桥高在某种程度上反映了桥梁施工的难易性。

6. 桥下净空高度

桥下净空高度是设计洪水位或计算通航水位至桥跨结构最下缘之间的距离，以 H 表示。它应保证能安全排洪，并不得小于对该河流通航所规定的净空高度。

7. 建筑高度

建筑高度是桥上行车路面（或轨顶）标高至桥跨结构最下缘之间的距离，它不仅与桥梁结构的体系和跨径的大小有关，而且还随行车部分在桥上布置的高度位置而变动。公路（或铁路）定线中所确定的桥面（或轨顶）标高，与通航净空顶部标高之差，称为容许建筑高度。桥梁的建筑高度不得大于其容许建筑高度，否则就不能保证桥下的通航要求。

8. 净矢高

净矢高是从拱顶截面下缘至相邻两拱脚截面下线最低点之间连线的垂直距离，用 f_0 表示。

计算矢高是从拱顶截面形心至相邻两拱脚截面形心之间连线的垂直距离，用 f 表示。

9. 矢跨比

矢跨比也称拱矢度，是拱桥中拱圈（或拱肋）的计算矢高 f 与计算跨径 1 之比（$f/1$），它是反映拱桥受力特性的一个重要指标。

二、桥梁的分类

（一）桥梁的基本体系

按结构体系划分，有梁式桥、拱桥、刚架桥、悬索桥四种基本体系，其他还有由几种基本体系组合而成的组合体系等。

1. 梁式桥

梁式桥是古老的结构体系。梁作为承重结构是以其抗弯能力来承受荷载的。梁分简支梁、悬臂梁、固端梁、连续梁等。悬臂梁、固端梁和连续梁都是利用支座上的卸载弯矩去减少跨中弯矩，使梁跨内的内力分配更合理，以同等抗弯能力的构件断面就可建成更大跨径的桥梁。

2. 拱桥

拱桥的主要承重结构是拱肋（或拱箱），以承压为主，可采用抗压能力强的圬工材料（石、混凝土与钢筋混凝土）来修建。拱分单铰拱、双铰拱、三铰拱和无铰拱。拱是有水平推力的结构，对地基要求较高，一般常建于地基良好的地区。

3. 刚架桥

刚架桥是介于梁与拱之间的一种结构体系，它是由受弯的上部梁（或板）与承压的下部柱（或墩）整体结合在一起的结构。由于梁与柱的刚性连接，梁因柱的抗弯刚度而得到卸载作用，整个体系是压弯结构，也是有推力的结构。刚架分直腿刚架与斜腿刚架。刚架桥施工较复杂，一般用于跨径不大的城市桥、公路高架桥、立交桥等。

4. 悬索桥

悬索桥指以悬索为主要承重结构的桥。

其主要构造是：缆、塔、锚、吊索及桥面，一般还有加劲梁。

其受力特征是：荷载由吊索传至缆，再传至锚墩，传力途径简捷、明确。

悬索桥的特点是：构造简单，受力明确；在同等条件下，跨径越大，单位跨度的材料耗费越少，造价越低。悬索桥是大跨桥梁的主要形式。

5. 组合体系

连续钢构：连续钢构是由梁和钢架相结合的体系，它是预应力混凝土结构采用悬臂施工法而发展起来的一种新体系。

梁、拱组合体系：这类体系中有系杆拱、粘架拱、多跨拱梁结构等。它们利用梁的受弯与拱的承压特点组成联合结构。

斜拉桥：它是由承压的塔、受拉的索与承弯的梁体组合起来的一种结构体系。

（二）桥梁的其他分类

按用途划分：分为公路桥、铁路桥、公路铁路两用桥、农桥、人行桥、运水桥（渡槽）及其他专用桥梁（如通过管路、电缆等）。

按桥梁全长和跨径的不同：分为特大桥、大桥、中桥和小桥。

按主要承重结构所用的材料划分：有圬工桥（包括砖、石、混凝土桥）、钢筋混凝土桥、预应力混凝土桥、钢桥和木桥等。

按跨越障碍的性质：分为跨河桥、跨线桥（立体交叉）、高架桥和栈桥。

按上部结构的行车道位置：分为上承式桥、下承式桥和中承式桥。

第二章 工程项目管理理论基础

第一节 项目和工程项目的概念认知

一、项目的定义、内容及特征

（一）项目的定义

关于"项目"，迄今为止在国际上还没有形成一个公认、统一的定义。不同机构、不同专业从自己的认识出发，各自有对项目定义的表达。项目是指那些作为管理对象，按限定时间、费用和质量标准完成的一次性任务。国际标准化组织（ISO）给出的项目定义如下：具有独特的过程，有开始和结束日期，由一系列相互协调和受控的活动组成。过程的实施是为了达到规定的目标，包括满足时间、费用和资源等约束条件。

（二）项目的内容及特征

项目可以包括许多内容，可以是建设一项工程，如工业与民用建筑工程、港口工程、铁路工程、公路工程等，也可以是完成某项科研课题或研制一套设备，还可以是开发一套计算机应用软件等。这些都是项目，都有一定的时间、质量要求，且都是一次性任务。从项目管理的角度而言，项目作为一个专门术语，其具有如下几个基本特征。

1. 独特性

每个项目都有一些独特的成分，可以说找不出两个完全相同的项目。这意味着项目不能完全按成熟方法完成，因此项目具有风险性，这就要求项目管理者要创造性地解决项目实施中的问题。

2. 目的性

项目均具有各自不完全相同的目标，尽管一个项目中包含部分的重复内容，但在总体上仍然是独立的。项目的目标明确性是指项目必须有明确的成果性目标和约束性目标。成果性目标是指项目的功能性要求，如一座钢铁厂的炼钢能力及其技术经济指标；约束性目标是指限制条件，如工期、费用、质量等。

3. 依赖性

项目经常与其上级组织同时进行的其他项目互相影响，而且项目始终与组织中标准的、常规的运作相互影响，与组织中的职能部门（市场、财务和生产等）以规则的、成形的方式相互影响。

4. 冲突性

项目与职能部门因为资源和人员而发生冲突；项目部成员为争取项目资源和解决项目问题发生冲突；项目与项目之间为争夺有限的资源也存在冲突。

5. 寿命周期性

项目始终有确定的开始和结束时间，即从开始到结束具有寿命周期。项目作为管理对象的整体性是指在管理一个项目、配备资源时，必须以总体效益的提高为标准，做到数量、质量、结构的总体优化。由于项目内外环境是变化的，因此管理和资源的配备也是动态的。重复的、大批的生产活动及其成果，不能称为项目。另外，从根本上说，项目实质上是一系列的工作。尽管项目是有组织进行的，但其并不就是组织本身；尽管项目的结果可能是某种产品或服务，但项目也就是产品或服务本身。

二、工程项目定义及特征

（一）工程项目的定义

工程项目是最常见的项目类型，它是指需要一定量的投资，经过策划、设计和施工等一系列活动，在一定资源约束条件下，以形成固定资产为确定目标的一次性活动。建设领域的项目，一般是指为某种特定的目的而进行投资建设并含有一定建筑或建筑安装工程的建设项目。如果谈到一个"工程项目"，可以将其理解为包括项目选定、设计、采购、施工、安装调试、移交用户在内的整个过程，不能把"工程项目"理解为将移交给用户的土木建筑物。确切地说，产品是项目的目的或结果。

（二）工程项目的基本特征

工程项目除了具有一般项目的基本特征外，还有自身的特征。工程项目，特别是建筑安装工程项目，通常相当复杂，有多方参与，事实上它是由多个项目所组成的复合项目。组成工程项目的一般有业主的投资项目、咨询者的咨询项目、设计者的设计项目和承包商的承包项目等。工程项目的特征表现在以下几个方面。

1. 工程项目的一次性

任何工程项目从总体上来说都是一次性的、不重复的。即使在形式上极为相似的项目，如一个住宅小区中，建筑外观和结构类型完全一致的两栋住宅楼，仍然存在地质条件、建造材料、建造时间和项目组织等方面的不同，所以它们之间无法等同替代。

2. 工程项目的目标性

任何工程项目在建成后都具有特定的使用功能，以满足业主的需求，因此其建设的目的是明确的。这个目的在项目策划阶段就已明确，并在以后的实施阶段逐步实现。

3. 工程项目的约束性

任何工程项目总是受时间、资金和资源的制约。

从时间的约束来看，业主总是希望尽快实现项目的目标，发挥投资效益，缩短项目的投资回收期。时间的约束是对工程项目开始和结束时间的限制，形成了工程项目的工期目标。

从资金的约束来看，业主对资金事先预算的投入形成了工程项目的费用目标。目前，工程项目的投资多元化，对项目资金的使用越来越严格，经济性和效益性要求也越来越高。

从资源的约束来看，投入工程项目中的资源是有限的，如人力和材料的供应是有限的，工程建设的技术水平也是有限的。

4. 工程项目的寿命周期性

任何工程项目都会经历从提出项目建议书、策划（决策）、实施、使用到终止使用（报废）等过程。但是，从参与工程项目不同组织的角度来看，根据工程项目的寿命周期性，可以将工程项目的整个周期分解成几个阶段性周期，业主考虑的是全周期，承包单位则根据所承包的工程项目的内容考虑相应的阶段周期，如施工承包单位承包的内容是工程项目的施工建造至交付使用，工程项目寿命的周期即工期。

5. 工程项目由活动构成

工程项目过程就是不同的专业人员，如建筑师、结构工程师、水电工程师和咨询工程师等在不同的时间与不同的空间进行不同的活动，完成各自的任务，这些任务的完成共同促成了该工程项目的完成。

（三）工程项目的其他特征

工程项目除以上基本特征外，还具有如下特征。

1. 投资大

一个工程项目少则有几百万元，多则有几千万元、数亿元的资金投入。

2. 建设周期长

工程项目的寿命周期短则一年，长则几十年。

3. 不确定性因素多、风险大

工程项目由于建设周期长，露天作业多，受外部环境影响大，因此不确定性因素多，风险大。

4. 参与人员多

工程项目参与人员是指直接参与工程建设的人员，主要包括业主、建筑师、结构工程师、水电工程师、项目管理人员和监理工程师等。此外，还涉及进行工程项目监督管理的政府建设行政主管部门以及其他相关部门的人员，如当地建筑工程质量监督站的管理技术人员等。

三、工程项目类型

（一）根据功能不同划分

根据工程项目的功能不同，通常将工程项目分成四种主要形式。

1. 住宅建筑

住宅建筑是指那些用来居住的房屋建筑物。房地产开发商作为业主的代理人，负责确定必要的设计和建造合同，同时负责项目的融资以及销售建造好的房屋。

2. 公用性建筑

公用性建筑包括商业建筑（如商店和购物中心）、文化教育建筑（如学校）、卫生建筑（如医院）、娱乐设施和体育场馆等。

3. 工业建筑

工业建筑包括钢铁厂（如宝钢集团有限公司）、核电厂（如大亚湾核电站）等。

4. 基础设施

基础设施工程大多属于公共工程项目，包括高速公路、隧道、桥梁、排水系统和污水处理厂等。

（二）根据任务不同划分

根据工程项目的参与方承担的工程项目的任务不同，还可以进行如下划分。

1. 工程项目（包括使用至报废）

工程项目是针对投资业主而言的，其作为一项固定资产投资活动，包括从项目构思、策划、实施到项目建成交付使用乃至报废，通常是到建成交付使用为止，突出建设阶段。

2. 工程承包项目

工程承包项目是针对承包商而言的，承包商根据与业主的合同规定，涉及不同的工程承包范围，主要是在项目的实施建造阶段。

3. 工程勘察设计项目

工程勘察设计项目是针对勘察设计单位而言的，重点在项目实施的勘察设计阶段，根据勘察设计单位与业主签订的工程勘察设计合同，确定勘察设计工作内容。

4. 工程监理项目

工程监理项目是针对监理单位而言的，监理单位受业主的委托，根据与业主签订的工程监理合同，对工程项目进行管理工作。

此外，工程项目按性质不同又可分为新建项目、扩建项目和改建项目。

四、工程项目的组成

一般情况下，可以将工程项目按其组成内容从大到小，划分为若干个单项工程、单位工程、分部工程和分项工程。

（一）单项工程

单项工程是指具有独立的设计文件，竣工后可以独立发挥生产能力或效益的工程。例如，一座工厂中的各个主要车间、辅助车间、办公楼和住宅楼等。

（二）单位工程

单位工程是单项工程的组成部分，是指单独设计图纸，可以独立施工，但完工后一般不能独立发挥生产能力和效益的工程。例如，一个工业车间通常由建筑工程、管道安装工程、设备安装工程和电气安装工程等单位工程组成。

（三）分部工程

分部工程一般是根据单位工程的部位、构件性质及其使用材料或设备种类等的不同而划分的工程。例如，房屋的土建单位工程，按其部位可以划分为地基与基础、主体结构、建筑屋面和装饰装修等分部工程；按其工种可以划分为土石方工程、砌筑工程、钢筋混凝土工程、防水工程和抹灰工程等分部工程。

（四）分项工程

分项工程一般是按分部工程的施工方法、使用材料、结构构件的规格等不同因素划分的，是通过简单的施工过程就能完成的工程。例如，房屋的基础分部工程可以划分为挖土、混凝土垫层、砌毛石基础和回填土等分项工程。

第二节　项目管理与工程项目管理的概念认知

一、项目管理的概念及特点

（一）项目管理的概念

项目管理的概念是伴随项目的实施产生的。秦始皇为了建自己的陵墓，动用了约 70 万人，耗费巨大的财力和物力，历经周密的设计、完备的施工方法以及严格的组织措施等建设过程，最终完成了这项气势恢宏的工程。

现代项目管理理论认为，项目管理是通过项目经理和项目组织的努力、运用系统理论和方法对项目及其资源进行计划、组织、协调与控制，项目管理的对象是项目。项目管理的职能与所有管理的职能相同。需要指出的是，由于项目的一次性，既要求项目管理的程序性和全面性，更要求科学性，主要是运用系统工程的观念、理论和方法进行管理。该管理理论有以下四点内涵。

1. 项目管理是一种管理方法体系

项目管理是一种管理项目的科学方法，但并非唯一的方法，更不是一次随意的管理过程。

项目管理作为一种管理方法体系，在不同国家、不同行业及其自身的不同发展阶段，无论是在内容上，还是在技术手段上都有一定的区别，但其最基本的定义、概念是相对固定的，已被广泛接受和认可。

2. 项目管理的对象与目的

项目管理的对象是项目，项目又是由一系列任务组成的整体系统。项目管理的目的，就是处理好这一系列任务之间纵横交错的关系，按照业主的需求形成项目的最终产品。

3. 项目管理的职能与任务

项目管理的职能，是对所组织的资源进行计划、组织、协调和控制。资源是指项目所需要的，在所在组织中可以得到的人员、资金、技术和设备等。在项目管理中，还有一种特殊的资源，即时间。项目管理的任务是对项目及其资源进行计划、组织、协调和控制。

4. 项目管理运用系统的理论与思想

由于项目任务是分别由不同的人员执行的，项目管理要求将这些任务和人员集中到一起，把它们当作一个整体对待，最终实现整体目标。因此，需要以系统的理论与思想管理项目。

（二）项目管理的特点

1. 项目管理是一项复杂的工作

项目一般是由多个组织运用多种专业知识来完成任务的，通常没有或较少有经验可以借鉴，因为其中有许多不确定、未知的影响因素。这些因素决定了项目管理是一项很复杂的工作。

2. 项目管理具有创造性

由于项目具有一次性的特点，因此项目管理既要承担风险又必须发挥创造性。项目的创造性依赖于科学技术的发展和支持：一是继承积累性，体现在人类可以沿用经验，继承前人的知识、经验和成果，并在此基础上向前发展；二是综合性，即要解决复杂的问题必须依靠和综合多种学科的成果，将多种技术结合起来，才能实现科学技术的飞跃或更快的发展。

3. 项目管理需要建立专门的项目部

依托项目成立专门的管理组织——项目部。项目部由各种不同专业、不同部门的专业人员组成，旨在处理项目进行过程中的各种组织、技术、经济、控制和协调等问题。

4. 项目经理在项目管理中发挥着非常重要的作用

项目经理有权独立地进行计划、资源分配、协调和控制。项目的性质功能以及项目管理的职能，要求项目经理具备经济、技术管理等诸多知识，并且具有较高的组织领导才能。

二、工程项目管理概述

（一）工程项目管理的概念

工程项目管理可以认为是把项目管理的研究对象确定为工程项目，从而产生的管理方法和管理体系，其管理的概念及其职能在理论上同其他管理是相同的，但由于工程项目的特点，要求其在管理上更强调程序性、全面性和科学性。因此，要运用系统工程的观点、理论和方法进行管理。

具体来说，工程项目管理是为了使工程项目在一定的约束条件下取得成功，对工程项目的所有活动实施决策与计划、组织与指挥、控制与协调、教育与激励等一系列工作的总称。

（二）工程项目管理的职能

具体来讲，工程项目管理主要有以下五个方面的职能。

1. 计划职能

计划职能是指对工程项目的预期目标进行筹划安排，将工程项目的全过程、全部目标和全部活动统统纳入计划的轨道，用一个动态的、可分解的计划系统来协调控制整个项目，以便提前揭露矛盾，使项目在合理的工期内以较低的造价高质量地、协调有序地达到预期目标。可以说工程项目的计划是龙头，具有头等重要的地位；同时计划也是管理。计划职能的主要内容如下。

通过收集整理和分析所掌握的各种信息资料，为项目的决策人提供工程项目需不需要进行、有没有可能进行、如何进行，以及可能达到的目标等一系列决策依据，因此计划过程实际上也是一个决策过程。工程项目的计划可按需要编制代表发展商意愿的、切实可行的总指导性控制计划，并在此基础上衍生出（分解出）如下若干分计划，由相应的职能部门分别去执行：①工程项目前期工作计划；②拆迁安置计划；③设计工作安排计划；④工程项目招投标计划；⑤施工作业计划；⑥机电设备及主要材料采购供应计划；⑦建设资金使用计划；⑧竣工验收安排计划。

工程项目各项工作的开展都以计划为依据，使项目实施各阶段、各环节都做到有法可依、有据可查、有章可循，以此来协调工程项目的各项活动，因此工程项目计划是工程项目实施的指导性文件。

计划使人力、材料、机械、设备和建设资金等各种资源都能得到合理的、充分有效的运用，并在实施过程中可以及时地对各阶段、各环节的活动进行协调，以达到质量优良、工期和造价合理的理想目标，因此工程项目计划是实现工程项目目标的一种必要手段。

2. 协调职能

对工程项目的不同阶段、不同环节，与之有关的不同部门、不同层次之间，虽然都各有自己的管理内容和管理办法，但环节的结合部往往是管理最薄弱的地方，需要有效的沟通和协调，而各种协调之中，人与人之间的协调又最为重要。协调可以使不同阶段、不同环节、不同部门、不同层次之间通过统一指挥形成目标明确、步调一致的局面，同时通过协调可以使一些看似矛盾的工期、质量和造价之间的关系，时间、空间和资源利用之间的关系也得到完全统一，这些对于复杂的工程项目管理来说无疑是非常重要的。

3. 组织职能

在熟悉工程项目形成过程及发展规律的基础上，通过部门分工、职责划分、明确职权、建立行之有效的规章制度，使工程项目的各阶段、各环节、各层次都有管理者分工负责，形成一个具有高效率的组织保证体系，以确保工程项目的各项目标的实现。这里要特别强调的是，通过组织可以充分调动起每个管理者的工作热情和积极性，充分发挥每个管理者的工作能力和长处，以每个管理者完美的工作质量换取工程项目的各项目标的全面实现。

4. 控制职能

工程项目的控制职能主要体现在目标的提出和检查，目标的分解，合同的签订和执行，各种指标、定额和各种标准、规程、规范的贯彻执行，以及实施中的反馈和决策。

（1）合同管理

通过与承包人或供应商签订合同的形式，将工程项目的任务和目标分解后，由承包人或供应商严格按合同要求的有关条款为工程项目的部分任务和目标服务，合同的有关条款就是一种控制和约束手段，同时也是体现合同双方利益的依据。

（2）招投标管理

招投标工作是通过公开招标或邀请招标或在特定范围内议标的形式，将工程项目的任务分解后，给予资质符合要求并能承诺各项指标的承包公司承揽，或将机电设备和主要材料分类后给予符合技术要求、价格合理、售后服务好的供应商负责供应。招投标管理工作实际上是目标分解的过程，也是在合同管理环节前必要的一种手段和准备工作。招投标管理工作认真与否，将直接影响到机电设备及主要材料的供货质量、供货时间，建筑安装工程的施工质量、工期和工程造价等指标的实现。

（3）工程技术管理

工程技术管理是保证工程项目全面实现各项目标非常关键的工作，主要包括下列内容：①技术准备阶段，如设计任务的委托，施工图纸的审查，设计交底，编制和审批施工组织设计及重大技术问题的技术交底等。②工程项目实施阶段，如处理和办理工程变更、洽商，技术方案和措施（包括季节性施工的技术措施）的审定，材料及半成品的技术检验，技术问题的处理，规范、规程和工艺标准的贯彻实施等。③技术开发活动，如科学研究，技术改造，技术革新，新技术、新材料、新工艺的推广使用及技术培训等。④其他方面的技术工作，如技术装备，技术文件、资料档案的收集整理归档，技术责任制的落实等。

所有这些工作的认真开展都将有助于不断提高技术管理人员的技术管理水平，有助于工程项目按正常规律形成，保证工程项目施工秩序，可充分发挥工程管理中人员、材料、设备的潜力，确保工程项目各项技术指标的实现。

（4）施工质量管理

施工质量管理是保证工程项目的最终质量满足预定质量目标的重要工作，主要包括：①对有关单位的资质审查，包括对设计单位、监理单位和施工单位的资质审查，施工队伍的素质以及质量保证体系的认定，机电设备和主要建筑材料供应商的资质审查等。②质量检查，包括施工过程中的施工质量及安装质量的检查，是否按工艺标准、操作规程和规范施工，是否按设计图纸要求或洽商变更要求施工，工序衔接是否合理，是否有隐患，进场原材料、成品、半成品、机电设备等的质量检查等。通过质量检查，符合要求的可进行下道工序，不符合要求的限期纠正。③进行工程质量的评定，按建设工程质量检验评定标准的要求进行分项工程、分部工程和最终单位工程的质量评定，评出质量等级，发现主要存在的质量问题，采取相应的整改措施使工程质量满足使用功能的要求。④建立质量管理制度，如原材料、成品、半成品、预制品的检查制度，隐蔽工程验收制度，班组自检和交接检制度，按质量管理层次实行分级验收制度，第三方认证制度以及质量事故处理办法等。

（5）工程项目的成本管理

这是工程项目实施过程中对所发生的成本费用支出有组织、有系统地进行预测、计划、控制、核算、考核、分析等一系列的科学管理工作。

5. 监督职能

有效监督是实现工程项目各项目标的重要手段。监督的主要依据是工程项目的合同、计划、规章制度、规范、规程和各种质量标准、工作标准等，一般可以通过下列手段实施对工程项目的监督。

（1）政府的监督

由建设单位在开工前向当地建设工程质量监督站办理委托监督手续后，监督站将对工程项目进展的各个主要阶段实行监督检查，核定工程质量，督促与工程项目有关的设计、业主、监理和施工各方按质量管理条例的要求，负责落实各自的质量责任，同时也对维护建筑市场的秩序起到了重要的作用。

（2）充分发挥监理的作用

监理制度的推行，对于规范建筑市场、加强质量监督和站在第三方的公正立场维护建设单位和施工单位的合法权益、积极协调与工程项目有关各方的关系等方面都起到了积极作用。承担工程项目的监理公司一般经投标接受监理服务后，向该工程项目派出一个以总监理工程师为首的、配备与工程项目相适应的一套监理工程师班子组成监理组，根据发展商的委托参与工程项目的设计监理或工程监理，对工程项目实施通常所说的"三控二管一协调"。通过监理的专业手段对工程项目的工期、质量和投资进行有效的控制，同时配合业主进行信息和合同的管理，对工程项目有关各方进行有效的组织和协调，使工程项目的发展尽量减少偏差和失误，可以对实现工程项目的各项目标起到非常重要的作用。

（3）工程项目的各级管理人员

工程项目的各级管理人员通过日常的巡视、检查以及反映工程进度情况的会议、会议纪要、报表、报告、往来文件等信息来分析和发现问题，及时纠正错误、解决问题，及时纠正偏离目标的现象，及时为施工单位提供或创造必要的施工条件，使工程项目永远保持正常的秩序，健康发展。

（三）工程项目管理的任务

工程项目种类繁多、特点各异，不同类型的工程项目管理任务也不完全相同，其主要内容包括以下几个方面。

1. 合同管理

工程合同是业主和参与项目实施各主体之间明确责任、权利关系的具有法律效力的协议文件，也是运用市场经济体制、组织项目实施的基本手段。从某种意义上讲，项目的实施过程就是工程合同订立和履行的过程。一切合同所赋予的责任、权利履行到位之日，也就是工程项目实施完成之时。

工程合同管理主要是指对各类合同的依法订立过程和履行过程的管理，包括合同文本的选择；合同条件的协商、谈判，合同书的签署；合同履行、检查、变更和违约、纠纷的处理；总结评价等。

2. 建立项目管理组织

建立项目管理组织即明确本项目各参加单位在项目实施过程中的组织关系和联系渠道，并选择合适的项目组织结构及实施形式；做好项目各阶段的计划准备和具体的组织工作；建立本单位的项目管理班子；聘任项目经理及各有关职能人员；等等。

3. 进度控制

进度控制包括方案的科学决策、计划的优化编制和实施有效控制三个方面：①方案的科学决策是实现进度控制的先决条件，包括方案的可行性论证、综合评估和优化决策。只有决策出优化的方案，才能制定出优化的计划。②计划的优化编制包括科学确定项目的工序及其衔接关系、持续时间，优化编制网络计划和实施措施是实现进度控制的重要基础。③实施有效控制包括同步追踪、信息反馈、动态调整和优化控制，是实现进度控制的根本保证。

4. 投资（费用）控制

投资控制包括编制投资计划、审核投资支出、分析投资变化情况、研究投资减少途径和采取投资控制措施五项任务。前两项是对投资的静态控制，后三项是对投资的动态控制。

5. 质量控制

质量控制主要是规定各项工作的质量标准，对各项工作进行质量检查、监督和验收，处理好质量问题。质量控制是保证项目成功的主要手段之一。

6. 风险管理

随着工程项目规模的大型化和工艺技术的复杂化，项目管理者所面临的风险越来越高。由工程建设客观现实可知，要保证工程建设项目的投资效益，就必须对项目风险进行科学管理。

风险管理是一个确定和度量项目风险，以及制定、选择和管理风险处理方案的过程。其目的是通过风险分析减少项目决策的不确定性，以使决策更加科学，从而在项目实施阶段保证目标控制的顺利进行，更好地实现项目质量、进度和投资目标。

7. 信息管理

信息管理是工程项目管理的基础工作，是实现项目目标控制的保证。只有不断提高信息管理水平，才能更好地承担起项目管理的任务。

工程项目的信息管理是对有关工程项目的各类信息的收集、储存、加工整理、传递与使用等一系列工作的总称。信息管理的主要任务是及时、准确地向项目管理各级领导、各参加单位及各类人员提供所需的综合程度不同的信息，以便在项目进展的全过程中动态地进行项目规划，迅速、正确地进行各种决策，并及时检查决策执行结果，反映工程实施中暴露的各类问题，为项目总目标服务。信息管理工作的好坏将直接影响项目管理的成败。

8. 环境保护

工程建设可以改造环境、为人类造福，优秀的设计作品也是好的景观，具有观赏价值。但一个工程项目的实施过程和结果同时也存在着影响甚至恶化环境的种种因素。因此，应在工程建设中强化环保意识，切实、有效地把保护环境和克服损害自然环境、破坏生态平衡、污染空气和水质、扰动周围建筑物和地下管网等现象的发生作为项目管理的重要任务之一。

项目管理者必须充分研究和掌握国家和地区的有关环保法规和规定，对于环保方面有要求的工程建设项目，在项目可行性研究和决策阶段必须提出环境影响报告及其对策措施，并评估其措施的可行性和有效性，严格按建设程序向环保管理部门报批。在项目实施阶段做到主体工程与环保措施工程同步设计、同步施工、同步投入运行。在工程施工承发包中，必须把依法做好环保工作列为重要的合同条件加以落实，并在施工方案的审查和施工过程中始终把落实环保措施、克服建设公害作为重要的内容予以密切注意。

第三节　工程项目参与各方的管理职能解析

一、政府对工程项目的管理

政府对工程项目的管理是指政府对工程项目进行宏观指导、调控、监督和管理等，以相应的法律为依据，来保证社会经济能够持续发展。

（一）政府对工程项目管理的内容

政府有关部门根据其所在职能，对工程项目的管理主要包括以下几个方面：①建设用地管理。②建设规划管理。③环境保护管理。④建筑防火、防灾管理。⑤有关技术标准、技术规范执行情况管理。⑥施工中的安全、卫生管理。⑦建成后的使用许可管理。

（二）政府对工程项目管理的作用

保证投资方向符合国家产业政策的要求。保证工程项目符合国家经济和社会发展规划及环境与生态的要求。引导投资规模达到合理经济规模。保证国家整体投资规模与外债规模在合理的可控制的范围内。保证国家经济安全与公共利益，防止垄断。

（三）政府对工程项目管理的特点

政府对工程项目管理的特点有：①具有较大的权威性和严肃性。②可采用行政、法律等手段对工程项目进行全面管理。③可以确保公平性。④政府对工程项目主要采取宏观管理。⑤政府在管理中强调中介组织的作用。

二、业主对工程项目的管理

业主对工程项目的管理是指由业主从项目的可行性研究到工程竣工交付使用全过程进行的监督和管理，其根本目的是实现投资者的投资目标，保证工程建成后达到设计标准和使用要求，是整个工程项目管理的中心。

（一）业主对工程项目管理的目的

实现投资者的投资目标和期望，即投资者将资金投入一个有科学依据、有投资前景的工程项目中，项目业主就应保证工程项目按预定计划建成和投入使用，这是业主实现投资收益的重要前提，也是业主对工程项目管理的目的之一。

努力使工程项目投资控制在预定或可接受的范围之内。

保证工程项目建成后在项目功能与质量上达到设计标准。

（二）业主对工程项目管理的作用

业主是整个工程项目管理的中心，业主对工程项目管理的作用包括以下几个方面。

1. 决策管理

工程项目在建设过程中，每个阶段是否启动都需要业主进行决策。

2. 计划管理

把工程项目实施过程的全部活动都列入计划系统，通过计划系统协调和控制整个工程项目，保证工程项目协调有序地实现目标。

3. 协调管理

工程项目实施的各个阶段都需要相关部门相互配合、相互依赖，但部门之间必然存在复杂的关系，业主应通过协调管理排除不必要的干扰，确保系统的正常运行。

4. 组织管理

组织管理主要包括建立工程项目管理的组织机构，选择可靠的设计单位与承包单位。

5. 控制管理

控制管理是实现工程项目目标的主要手段，业主主要通过科学的管理方法对工程项目的投资、进度和质量等方面进行控制，从而确保目标的实现。

（三）业主对工程项目管理的特点

具体管理特点如下：①业主对工程项目的管理表现了各投资方对项目的要求。②业主是对工程项目进行全方面管理的中心。③业主对工程项目进行管理大多采用间接方式。

三、施工项目管理

施工单位以高效地完成项目目标为任务，以施工合同为依据，计划、组织、协调和管理项目的工作，称为施工项目管理。施工项目管理的内容主要包括施工的成本管理、进度管理、质量管理、安全管理、合同管理及与施工有关的组织与协调。

（一）施工项目管理的程序

施工项目管理具有寿命周期性，分为五个阶段有序进行。

1. 投标、签订合同阶段

施工单位在看到业主单位对建设项目发出的招标文件后，可以投标直至中标签约，这是施工项目管理寿命周期的第一阶段，也称为立项阶段，这一阶段工作主要包括以下内容：①施工单位做出是否投标的决策。②决定投标后，从单位自身、市场、相关单位等多方面掌握大量信息。③编制投标书。④如果中标，则与招标单位签订项目承包合同。

2. 施工准备阶段

当施工单位与招标单位签订工程承包合同后，施工单位就应组建项目经理部，并以项目经理部为主，与其他单位配合，进入施工准备阶段，应保证具有工程开工和连续施工的条件，这一阶段工作内容主要包括以下几个方面：①成立项目经理部，根据需要配备相关人员。②编制施工组织设计。③进行施工现场准备。④编写开工申请报告，准备开工。

3. 施工阶段

这个阶段是项目的实施过程，目标就是在合同规定下，顺利完成全部施工内容，达到验收的条件。这一阶段工作内容主要包括以下几个方面：①按施工组织设计的安排进行施工。②在施工过程中，保证质量、进度、造价、安全等方面的管理。③严格按照项目承包合同内容进行，如若变更，应做好相关处理和索赔。④做好相关记录、协调、检查等工作。

4. 竣工、验收阶段

这一阶段主要对项目完成情况进行总结、评价、账务结清等工作，这一阶段工作内容主要包括以下几个方面：①听取使用单位意见，总结经验教训，进行必要的维修和保修。②对工程进行正式验收。③整理、移交竣工文件，进行财务结算，编制竣工报告。④办理工程交付手续。

5. 用后服务阶段

这是项目管理寿命周期的最后一个阶段，在交工验收合格后，在合同规定的责任期内进行用后服务，其目的是保证使用单位的正常使用，该阶段主要进行技术咨询和服务。

（二）施工项目管理的特征

1. 施工项目是主要的管理对象

施工项目管理以项目经理部为基础，管理施工活动和相关生产要素。

2. 施工项目管理内容随施工阶段的不同而变化

施工项目随着阶段不同，管理内容差异较大，因此需要根据具体管理内容制定出有针对性的动态管理计划，以提高施工效率，保证项目效益。

3. 施工现场管理为首要任务

施工现场管理是安全生产管理的关键，所以要针对施工现场内的活动进行管理，确保文明施工、安全施工。

四、工程建设监理

业主方在项目管理方面通常存在很大的局限性，为了更好完成工程项目任务，工程项目建设监理就成为业主方对工程项目管理的一种重要形式。

（一）工程建设监理的基本概念

工程建设监理是指具有法人资格的监理单位受建设单位的委托，依据有关工程建设的法律法规、项目批准文件、监理合同及其他工程建设合同，对工程建设实施的投资、工程质量和建设工期进行控制的监督管理。

（二）工程建设监理的主要工作内容

1. 质量控制

质量控制工作内容如下：①对所有的隐蔽工程在进行隐蔽以前进行检查和办

理签证，对重点工程要派建设监理人员驻点跟踪监理，签署重要的分项工程、分部工程和单位工程质量评定表。②对施工测量、放样等进行检查，对发现的质量问题应及时通知施工单位纠正，并做好建设监理记录。③检查确认运到现场的工程材料、构件和设备质量，查验试验、化验报告单及出厂合格证是否齐全、合格，建设监理工程师有权禁止不符合质量要求的材料、设备进入工地和投入使用。④监督施工单位严格按照施工规范、设计图纸要求进行施工，严格执行施工合同。⑤对工程主要部位、主要环节及技术复杂工程加强检查。⑥检查施工单位的工程自检工作，数据是否齐全，填写是否正确，并对施工单位质量评定自检工作做出综合评价。⑦对施工单位的检验测试仪器、设备、度量衡定期检验，不定期地进行抽验，保证度量资料的准确。⑧监督施工单位对各类土木和混凝土试件按规定进行检查和抽查。⑨监督施工单位认真处理施工中发生的一般质量事故，并认真做好监理记录。⑩对大、重大质量事故及其他紧急情况，应及时报告建设单位。

2. 进度控制

监督施工单位严格按施工合同规定的工期组织施工。对控制工期的重点工程，审查施工单位提出的保证进度的具体措施，如发生延误，应及时分析原因，采取对策。建立工程进度台账，核对工程形象进度，按月、季度向建设单位报告施工计划执行情况、工程进度及存在的问题。

3. 投资控制

审查施工单位申报的月、季度计量报表，认真核对其工程数量，不超计、不漏计，严格按合同规定进行计量支付签证。保证支付签证的各项工程质量合格、数量准确。建立计量支付签证台账，定期与施工单位核对清算。按建设单位授权和施工合同的规定审核变更设计。

4. 安全建设监理

发现存在安全事故隐患的，要求施工单位整改或停工处理。施工单位不整改或不停止施工的，及时向有关部门报告。

（三）工程建设监理的性质

1. 服务性

工程建设监理是监理单位接受项目建设单位的委托而开展的技术服务活动，其服务对象是项目建设单位。这种服务性的活动是按工程建设监理合同来进行的，是受法律约束和保护的。

2. 独立性

从事工程建设监理活动的监理单位是直接参与工程项目建设的"三方当事人"之一。其与项目建设单位、承建商之间的关系是平等的、横向的。在工程项目建设中，监理单位是独立的一方。

3. 公正性

监理单位在工程建设过程中，一方面应当作为能够严格履行监理合同各项义务，能够竭诚地为客户服务的"服务方"，同时，也应当成为"公正的第三方"。也就是在提供监理服务的过程中，监理单位和监理工程师应当排除各种干扰，以公正的态度对待委托方和被监理方，特别是当建设单位和被监理方发生利益冲突或矛盾时能够以事实为依据，以有关法律法规和双方所签订的工程建设合同为标准，站在第三方立场上公正地加以解决和处理，做到"公正地证明、决定或行使自己的处理权"。

4. 科学性

我国《工程建设监理规定》指出，工程建设监理是一种高智能的技术服务，要求从事工程建设监理活动应当遵循科学的准则。监理人员具备较高的专业知识才能更好地完成监理工作。

第三章 公路工程施工

第一节 路基施工

一、施工准备

路基施工需要消耗大量的时间、人工、物资、机械等，是一项历时长、技术要求高的工作。路基施工前，必须根据工程的实际情况做好组织准备、技术准备、物资准备等工作，使各项施工活动能正常进行。在施工过程中，所有的施工活动必须严格按有关施工规范进行，以确保工程质量，最后得到质量优良的路基实体。

（一）组织准备

开工前的组织准备工作主要是建立健全工程管理机构和施工队伍，明确各自的施工任务，制定施工过程中必要的规章制度，确定工程应达到的目标等。组织准备是其他准备工作的开始。

（二）技术准备

路基施工前的技术准备包括制定施工组织计划、施工测量、施工前的复查与试验及清理施工现场等工作。对于高速公路和一级公路或采用新技术、新工艺及新材料的其他等级公路，除做好上述准备工作外，还应在大规模施工前进行填筑试验，为正式施工提供技术指标。

1. 熟悉设计文件

主要是领会文件精神，注意设计文件中所采用的各项技术指标，考虑其技术经济的合理性和施工的可能性。在熟悉文件的过程中，应进行现场核对，如发现问题、错误和与实际不符之处，应按照有关规定及时向监理或设计代表等有关人员提出，及时得到确认或进行相应的变更。

2. 编制施工方案，制定施工组织计划

制定路基施工的实施性施工组织计划是路基施工前非常重要的技术准备工作。施工单位应根据设计文件、工程条件、工程量、施工难易程度以及设备、人员、材料供应情况和工期要求等认真编制。所编制的施工组织计划应针对工程实际，科学合理、易于操作，有利于保证工程质量、工程进度、工程投资和工程安全，使路基施工能连续、顺利地进行。

3. 技术交底

技术交底是把设计要求、施工方案及措施传达到基层甚至每个工人，这是落实技术责任制的前提。施工前，参加施工的技术人员要进行施工技术和操作规程的技术交底工作。

4. 施工测量

开工前应做好施工测量工作，包括导线、中线、水准点复测，检查与补测横断面，校对和增加水准点等工作。施工人员还应对路基工程范围内的地质、水文情况进行详细调查，通过取样、试验确定其性质和范围，了解附近现有建筑及对特殊土的处理方法。

5. 施工前的复查与试验

路基施工前，施工技术人员应对路基施工范围内的地质、地形、水文情况等进行详细调查。根据设计文件提供的资料，对取自挖方、借土场、料场的路基填料进行复查和取样试验。用作填料的土应按土工试验规程测定其物理、力学等性质，以试验结果作为判定可否应用的依据。若使用新材料（如工业废料等）填筑路基，除对相应指标进行试验外，还应进行环境保护分析并提出报告，经批准后方可使用。

6. 铺筑试验路

高速公路和一级公路、特殊地区公路或采用新技术、新工艺、新材料的路基，在正式施工前，应采取不同的施工方案和施工方法，铺筑试验路并进行相关试验分析，从中选出最佳施工方案和施工方法以指导大面积路基施工。所铺筑的试验路应具有代表性，施工机械和工艺过程要与以后全面施工时相同。通过试验路铺筑可确定不同压实机械及各种填料的最佳含水量，适当的铺筑厚度，相应的碾压遍数，最佳的机械配置和施工组织方法等。

（三）物资准备

路基施工要消耗大量的人工、材料和机具，所以开工前应进行所需材料的购进、采集、加工、搬运和储备等工作。同时要检修或购置施工机械，做好施工人员的生活、后勤保障准备，正所谓"兵马未动，粮草先行"。物资准备主要包括：施工临时设施准备、材料准备、施工机械设备准备、实验设备准备等。物资准备是路基施工组织的重要组成部分。

（四）场地准备

路基施工前应先办好有关土地的征用、占用手续，依法使用土地。施工单位应协同有关部门事先拆除或迁建路基范围内的所有建筑物、道路、沟渠、通信及电力设施等，对路基附近的危险建筑物应进行适当加固，对文物古迹应妥善保护。

（五）临时设施

为了维护施工期间的场内外交通，必须在开工前修筑临时道路，并应保持行驶安全。在施工过程中，如需阻断原有道路时，应事先设置便道、便桥和必要的行车标志，以保证交通不受阻碍。此外，为保证筑路员工的生活、物资器材的存放以及室内加工作业，要修建临时的房屋和工棚；为保证工程用水和生活用水的需要，还要修建临时的给排水设施。

二、路堤填筑施工

（一）基底的处理

基底处理是保证路堤稳定、坚固的重要措施。在路堤填筑前进行基底处理，能使路堤填土与原地表土密切结合，增加承载力，避免路堤沿基底发生滑动，防止因草皮、树根腐烂面引起的路堤沉陷，保证路堤填筑的质量，保证路堤具有足够的强度和稳定性。对于一般的基底处理，应按下列规定执行。

基底土密实，且地面横坡不陡于 1∶10 时，经碾压符合要求后，可直接在地面上修筑路堤，但在不填不挖或路堤高度小于 1 m 的地段，应采用先人工后机械的方法清除树根、草皮等杂物。

地面横坡陡于 1∶5 时，原地面应挖成台阶，台阶宽度不小于 2 m，高度不小于 1 m，见图 3-1。若地面横坡陡度超过 1∶2.5 时，外坡脚应进行特殊处理，如修护墙和护脚。

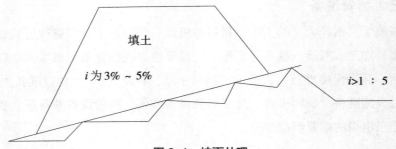

图 3-1 坡面处理

基底土为腐殖土，必须用人工或机械将其表层土清除换填，厚度视具体情况而定，一般以不小于 30 cm 为宜。换填后应分层压实，压实度应符合规范要求。

路堤修筑范围内，原地面的坑、洞、基穴等，应用原地的土或砂性土回填，并按规定进行压实。

路基受到地下水影响时，应予以拦截或排除，引地下水至路堤基础范围之外。当路基经过水田、池塘或洼地时，应根据具体情况采用疏干排水，挖除淤泥，打砂桩，抛填片石、砂砾石或石灰（水泥）等措施，以保持基底稳固。

路堤表土清理压实工序见图 3-2。

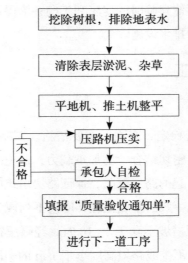

图 3-2 表土清理压实工序

（二）路基填筑方式

路基填土是把选定的路基填料运送到路基上，逐层填起进行铺平并碾压密实的过程。路基的填筑方式可分为水平分层填筑法、纵向分层填筑法、横向填筑法和混合填筑法等（见图 3-3）。

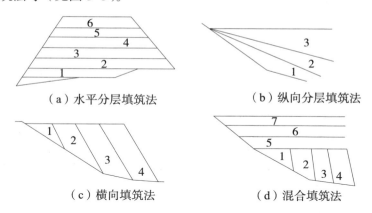

（a）水平分层填筑法　　　　（b）纵向分层填筑法

（c）横向填筑法　　　　（d）混合填筑法

图 3-3　路基填筑方法

1. 水平分层填筑法

水平分层填筑时，按照横断面全宽分成水平层次、逐层向上填筑。如原地面不平，应由最低处分层填起，每填一层经压实合格后再填上一层。此法施工操作方便、安全，压实质量容易保证。

2. 纵向分层填筑法

纵向分层填筑适用于推土机或铲运机从路堑取土填筑运距较短的路堤，依纵坡方向分层、逐层推土填筑并碾压密实。原地面纵坡大于 12% 的地段常用此法施工。

3. 横向填筑法

横向填筑从路基一端按各横断面的全部高度，逐步推进填筑，适用于无法自下而上、分层填土的陡坡、断岩或泥沼地区。此法不易压实，且还有沉陷不均匀的缺点。为此，应采用必要的技术措施，如选用高效能的压实机械（振动压路机）碾压，采用沉陷量较小的砂性土或废石作填料等。

4. 混合填筑法

混合填筑是当公路路线穿过深谷陡坡，尤其是要求上部的压实度标准较高时，施工时下层采用横向填筑，上层采用水平分层填筑，此种方法称为混合填筑法。

（三）路基压实施工

路基压实是保证路基质量的重要环节，路堤、路堑和路堤基底均应进行压实，且技术等级越高的公路对路基的压实要求越严格。

路基压实的作用是提高填料的密实度，减小孔隙率，增强填料颗粒之间的接触面，增大凝聚力或嵌挤力，提高内部摩擦阻力，减少形变，为路基的正常使用提供良好的基础。

1. 土质路基的压实

（1）压实原理

土质路基的压实过程，其本质上是土体在压力作用下，克服土颗粒间的内聚力和摩擦力，使原有结构受到破坏，固体颗粒重新排列。大颗粒之间的间隙被小颗粒填充，变成密实状态，达到新的平衡。在压实过程中，土颗粒重新排列，气体被挤出，表现为土壤的体积被压缩。在这个过程中，变化由快到慢，最终趋于结束。达到一定程度后，再进行压实只能引起弹性变形，压力过大时，则可能使土壤产生剪切破坏影响土体强度。

（2）填土路堤压实施工工序

填土路堤压实施工工序流程见图 3-4。

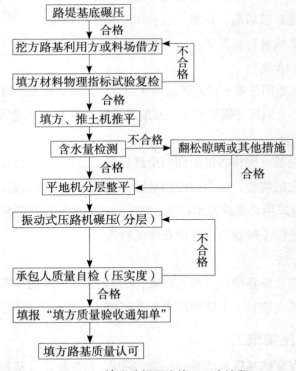

图 3-4　填土路堤压实施工工序流程

（3）压实标准与碾压控制

压实标准：包括确定标准干密度的方法和所要求的压实度。

路基压实状况通常用压实度来表征，应注意压实度与密实度容易产生概念上的混淆。密实度是指单位体积内固体颗粒排列的紧密程度，即土的固体体积率越大，其干密度也越大，所以有时也用干密度来表示土的密实度，也称理论密实度，但二者在物理意义上是有区别的。压实度是指压实后，土的干密度与标准的最大干密度之比，用百分率表示，亦称干密度系数，或称相对密实度。标准的最大干密度是指用标准击实试验方法，在最佳含水量条件下得到的干密度。

关于标准干密度的确定方法，过去沿用的"标准击实试验"是一种轻型击实试验方法，其试验结果较陈旧，与现代化施工机械能力和车辆载荷不适应，目前推行的主要是与国外公路压实要求相同的重型击实试验法。

重型击实法与轻型击实法最本质的区别在于单位击实功不同。土的最大干密度是土压实的主要指标，与路基的强度和稳定性有密切的关系，一般作为压实质量评价的依据。在路基压实施工中，由于受各种因素的影响和限制（如气候、土的天然含水量等），所施工的路基实际干密度不能达到室内重型击实试验求得的最大干密度，但是为了保证压实质量的基本要求，必须规定压实后的土基压实度范围。

路基压实作业的控制与检验：①确定不同种类填土的最大干密度和最佳含水量。公路为带状构造物，一条公路往往连绵数万米甚至数十万米，用于填挖路基沿线的土石材料的性质往往变化较大，在路基填筑施工之前，必须对主要取土场（包括挖方利用方）采取代表性土样，进行土工试验。用规定的方法求得各个土场土样的最大干密度和最佳含水量，以便指导路基的压实施工。②检查控制填土含水量。由于含水量是影响路基——土压实效果的主要因素，故需检测欲填入路基中的土的含水量 W，当 W 接近最佳含水量 W_0 时，填筑碾压的质量才有保证。当 $W > W_0$ 时，表明土中含水量过大，碾压时容易起"弹簧"，应将土晾干或换一些土。当 $W < W_0$ 时，说明土太干，难以达到要求的压实度，应适当洒水再碾压，其加水量按下式计算：

$$m_1 = (W_0 - W)\frac{m_2}{1 + W}$$

式中：

m_1——所需加水质量，kg。

m_2——需要加水的土的质量，kg。

W——填土原有的含水量，以小数计。

W_0——填土的最佳含水量，以小数计。

正确选择和使用压实机械压：压实机械的类型和数量选择是否恰当，直接关系到压实质量和工效。

选择时应综合考虑以下几点：①土的性质、状态。不同的压实机械对不同土质的压实效果不同。如对砂性土，以振动式机械压实效果最好，夯击式次之，碾压式较差；对黏性土，则以碾压式和夯击式机械压实效果较好，而振动式较差甚至无效。压实机械的单位压力不应超过土的强度极限，否则会立即引起土基破坏。选择机械时，还应考虑土的状态及对压实度的要求。一般来说，土的含水量小，压实度要求高，应选择重型机械；反之可选轻型机械。②压实工作面。当工作面较大时，可采用碾压机械；当工作面较狭窄时宜用夯实机械。③机械的技术特性与生产率。选择机械类型和确定机械数量，应考虑与其他工序的配合，使机械的生产能力相互适应。

为了能以尽可能小的压实功获得良好的压实效果，在压实机械的使用上应注意以下两点：①压实机械应先轻后重，以便适应逐渐增长的土基强度。②碾压速度宜先慢后快，以免松土被机械推走，形成不适宜的结构，影响压实质量。尤其是黏性土，高速碾压时，压实效果明显下降。通常压路机进行路基压实作业时，行驶速度在 4 km/h 以内为宜。

在路基土的压实过程中，除了运用不同性能的各种专用压实机械外，还应特别注意尽可能利用其他施工机械和运输车辆进行分层压实，有计划、有组织地利用运土车辆碾压填方土料。施工中要注意采用合理的技术措施，一般应控制填土厚度不大于 0.3 m，并用推土机或平地机细致平土，控制合适的含水量。同时，还要在机械的运行线路上使各次行程能大体均匀分布到填土土层表面，保证土层表面全部被压到。

分层填筑、分层碾压具体如下：①分层填筑。一方面，要把握每层填土厚度的大小。填土层厚度过大，其下部不能获得要求的压实度；填土层厚度过小，会影响工作效率和经济效益。一般认为，对于细粒土，用 12 ~ 15 t 光轮压路机时，压实厚度不得超过 25 cm；用 22 ~ 25 t 振动压路机时（包括液压振动），压实厚度不超过 60 cm。另一方面，每层填土应平整，应自中线向两边设置 2% ~ 4% 的横向坡度，且及时碾压，雨季施工时更应注意。②分层碾压。碾压前应对填土层的松铺厚度、平整度和含水量进行检查，符合要求后方可进行碾压。分层碾压的关键是控制碾压遍数。在有条件的情况下，可通过试验性施工来确定达到设计密实度所需的碾压遍数。

在施工中，当含水量为最佳含水量时，还可采用下列经验：对低黏质土压实所需的碾压遍数平均为 4~6 遍；对黏质土压实所需的碾压遍数平均为 10~12 遍。一般碾压遍数宜控制在 10 遍以内，否则应考虑减少填土层厚。经压实度检验合格后方可转入下道工序，不合格处应进行补压后再检验，直到合格为止。

加强质量检查具体如下：①填方地段基底。路堤填筑前应对基底进行压实。高速公路、一级公路和二级公路路堤基底的压实度不应小于 85%，当路堤填土高度小于路床厚度（80 cm）时，基底的压实度不宜小于路床的压实度标准。②路堤。每一压实层均应检验压实度，合格后方可填筑其上一层，否则应查明原因，采取措施进行补压。检验频率为每 2 000 m² 检验 8 点，不足 2 000 m² 时，至少应检验 8 点，必要时可根据需要增加检验点，且每点都必须符合规定值。路床顶面压实完成后，还应根据《公路路基设计规范》进行弯沉值检验。③路堑路床。零填及路堑路床的压实应符合其压实标准的规定。换填超过 3 m 时，按 90% 的压实标准控制。④桥涵处填土。桥台背后，涵洞两侧与顶部、锥坡背后的填土均应分层压实，分层检查。检查频率为每 50 m² 检验 1 点，不足 50 m² 时至少检验 1 点，每点都应合格，每一压实层松铺厚度不宜超过 20 cm。高速公路和一级公路的桥台、涵身背后和涵洞顶部的填土压实度，从填土基底或涵洞顶部至路床顶面均为 95%，其他公路为 93%，以确保不因密实度不足而产生错台，影响行车速度与安全。

桥涵处填土的压实采用小型的手扶振动夯或手扶振动压路机，但涵顶填土 50 cm 内的，应采用轻型静载压路机压实，以达到规定的压实度为准。

2. 填石路堤、土石混填路堤及高填方路堤的压实

（1）填石路堤

填料要求：填石路堤的石料来源主要是路堑和隧道爆破后的石料，要求石料强度不低于 15 MPa（用于护坡的石料强度不低于 20 MPa）。最大粒径不宜超过层厚的 2/3。在高速公路及一级公路填石路堤路床顶面以下 50 cm 范围内，填料最大粒径不得大于 10 cm；其他等级公路填石路堤，路床顶面以下 30 cm 范围内，填料最大粒径不应大于 15 cm。

填筑方法：填石路堤的填筑方法有倾填（含抛填）法和分层填筑、分层压实法两种。

压实方法及检查：①填石路堤填料石块本身是密实不能压缩的，压实工作是使各石块间松散接触状态变为紧密咬合状态。由于石块粒径较大、质量较大，必须选择工作质量不小于18 t以上的重型振动压路机，工作质量在2.5 t以上的夯锤或25 t以上的轮胎压路机压实，才能达到规定的密实状态。②填石路堤应先压两侧后压中间，压实路线对于轮碾应呈纵向，每次压实路线互相平行，反复碾压。夯锤的压实路线应成弧形，当夯实密实程度达到要求后，再向后移动一夯锤位置，行与行之间应重叠40～50 cm，前后相邻区段应重叠1.0～1.5 m，其余注意事项与土质路基压实相同。③填石路堤使用各种压实机具时的注意事项与压实填土路基相同，而填石路堤压实到所要求的紧密程度所需的碾压或夯压的遍数应经试验确定。采用重锤夯实时，若重锤下落时不下沉而发生弹跳现象，可进行压实度检验。④填石路堤顶面至路床顶面30～50 cm（高速公路、一级公路为50 cm，其他公路为30 cm）范围内应填筑符合路床要求的土，并按要求进行压实。

（2）土石混填路堤

土石混填路堤的压实方法与技术要求应根据混合料中巨粒土（粒径大于200 mm的颗粒）的含量多少确定。当混合料中巨粒土含量大于70%时，其压实作业接近于填石路堤，应按填石路堤的方法和要求进行；当混合料中巨粒土的含量在50%～70%时，其压实作业视具体情况选用压实方法；当混合料中巨粒土含量低于50%时，其压实作业接近于填土路堤，应按前述填土路堤的方法和要求进行。

土石混填路堤的压实度可采用灌砂法或水袋法检测。其标准干容重应根据每一种填料的不同和含石量的最大干容重做出标准干容重曲线，然后根据试坑挖取试样的含石量，从标准干容重曲线上查出对应的标准干容重。当采用灌砂法或水袋法检验有困难时，可根据填石路堤的方法进行检验，即通过不小于18 t的振动压路机压实试验，当压实层顶面稳定，不再下沉（无轮迹）时，可判定为密实状态。

如果几种填料混合填筑，则应从试坑挖取的试样中计算各种填料的比例，利用混合料中几种填料的标准干容重曲线查得对应的标准干密度，用加权平均的计算方法计算所挖试坑的标准干密度。

（3）高填方路堤

高填方路堤的基底承受路堤土本身的荷载很大，所以对基底应进行场地清理，并按照设计要求的基底承压强度进行压实。设计无要求时，基底的压实度不应小于90%。当地基松软，仅依靠对厚土压实不能满足设计要求的承压强度时，应进行地基加固处理，以达到设计要求；当基底处于陡峻的山坡上或谷底时，应作挖台阶处理，并严格分层填筑压实；当场地狭窄时，压实工作应采用小型的手扶式振动压路机或振动夯进行；当场地较宽广时，应采用自行式12 t以上的振动压路机压实。

三、路堑开挖施工

路堑开挖是路基施工中工程量最大的施工内容，需要多种机械进行施工，并发挥各机械的优势。所以，路堑开挖主要采用机械化施工。

（一）路堑开挖施工的特点

从作业程序上说，路堑施工较为简单，就是按一定要求把土挖掘并搬运到弃土地点，不像路堤填筑有材料选择、分层碾压密实等问题存在。然而从施工经验和公路使用的角度看，路基发生的问题，却大多出现在路堑上。因此，在路堑施工中，对采取的作业方式、开挖步骤、弃土位置等应予以充分重视，进行全面规划，保证较高的质量和效率。一般路基开挖作业时应注意以下几点：①由于水是引发路堑各种问题的主要原因，因此无论采用何种方式开挖，均应保证开挖过程中及竣工后的有效排水。施工时均应先开挖截水沟，并设法引走一切可能影响边坡稳定的地面水和地下水。②开挖时应按横断面自上而下且依照设计边坡逐层开挖。切不可逆转施工，否则可能会引起滑坡。③在地质不良拟设挡土墙的路堑中，路堑应分段挖掘，同时采用修筑挡土墙或其他防护设施的方法为宜，以保证安全。④路堑弃土应按要求，整齐地堆放在路基一侧或两侧。弃土堆内坡角（靠路堑一侧）至路堑边坡顶端距离不得小于一定限度。⑤松软土地带或其他不符合要求的土质地段，要采取各种稳定处理措施，并注意地下水的上升，根据需要设置排水盲沟。

（二）土质路堑开挖施工

1. 开挖方法的确定

路堑开挖是将路基范围内设计标高之上的天然土体挖除并运到填方地段或其他指定地点的施工活动。开挖路堑将破坏土体原有的平衡状态，故开挖时保证挖方边坡的稳定性十分重要。深长路堑往往工程量巨大，开挖作业面狭窄，常常是一段路基施工进度的控制性工程。因此，应因地制宜，以加快施工进度、保证工程质量和施工安全为原则，综合考虑工程量大小、路堑深度与长度、开挖作业面大小、地形与地质情况、土石方调配方案、机械设备等因素，制定切实可行的开挖方式。根据路堑深度和纵向长度，开挖时可按横挖法、纵挖法或混合式开挖法进行。

2. 开挖方法

（1）横挖法

横挖法是从路堑的一端或两端在横断面全宽范围内向前开挖的方法，主要适用于短而浅的路堑。路堑深度不深时，一次挖到设计标高的开挖方式称为单层横挖法。若路堑较深，为增加作业面，以便容纳较多的施工机械，形成多向出土以加快工程进度，而在不同高度上分成几个台阶同时开挖的方式称为多层横挖法。多层横挖法各施工层面具有独立的出土通道和临时排水设施。用人工按多层横挖法开挖路堑时，所开设的施工台阶高度应符合安全施工要求，一般为 1.5～2 m；若采用机械开挖路堑，每层台阶高度为 3～4 m。当运输距离较近时采用推土机进行开挖；运输距离较远时宜采用挖掘机配合自卸汽车进行开挖，或用推土机推土堆积，再用装载机配合自卸汽车运土。开挖时应配合平地机或人工分层修刮、整平边坡。

（2）纵挖法

纵挖法是开挖时沿路堑纵向将开挖深度内的土体分成厚度不大的土层依次开挖的方法，分为分层纵挖法和通道纵挖法两种。

分层纵挖法适用于路堑宽度和深度均不大的情况，在路堑纵断面全范围内纵向分层挖掘。当开挖地段地面横坡较陡、开挖长度较短（不超过 100 m）且开挖深度不大于 3 m 时，宜采用推土机作业。当挖掘的路堑较长（超过 1 000 m）时，宜采用铲运机或铲运机加推土机助铲作业。

通道纵挖法适用于路堑较长、较宽、较深而两端地面坡度较小的情况。开挖时先沿纵向分层，每层先挖出一条通道作为机械运行和出土的路线，然后开挖通道两旁。

如果所开挖的路堑很长，可在路堑适当位置将路堑横向挖穿，把路堑分为几段，各段再采用纵向开挖的方式作业，这种挖掘路堑的方法称为分段挖掘法。分段挖掘法可以增加施工作业面，减少作业面之间的干扰并增加出料口，从而大大提高工效，适用于傍山的深长路堑开挖。

（3）混合式开挖法

混合式开挖法是将横挖法与纵挖法混合使用。开挖时先沿路堑纵向开挖通道，然后从通道开始沿横向坡面挖掘，以增加开挖坡面。每一开挖坡面能容纳一个施工作业组或一台机械。在挖方量较大地段，还可沿横向再挖掘通道以安装运土传送设备或布置运土车辆。这种方法适用于路堑纵向长度和深度都很大的地段。

土方开挖不论开挖工程量和开挖深度大小，均应自上而下进行，不得乱挖、超挖，严禁掏洞取土。在不影响边坡稳定的情况下采用爆破施工时，应经过设计审批。在开挖过程中土质发生变化时，应及时修改施工方案和边坡坡度。对于已经开挖的适于种植草皮和有其他用途的土，应储备利用。严禁在岩溶漏斗处、暗河口处、贴近桥墩台处弃土。

（三）石质路堑开挖施工

1. 施工方法的选择

由于岩石坚硬，石质路堑开挖往往比较困难，这对路基的施工进度影响很大，尤其是工程量很大且集中的山区石方路堑更是如此。因此，开挖方法对施工进度有着决定性的影响。通常选择施工方法时，应根据岩石类别、风化程度、节理发育程度、施工条件及工程量大小等选择爆破法、松土法或破碎法进行开挖。

2. 施工方法

（1）爆破法

爆破法是利用炸药爆炸的能量将土石炸碎以利于开挖运输或借助于爆炸能量将土石移到预定位置。用这种方法开挖路堑具有工效高、速度快、劳动力消耗少、施工成本低等特点。对于岩质坚硬，不易用人工或施工机械开挖的石质路堑，通常可用爆破法开挖。爆破后再用机械清方，这是非常有效的路堑开挖方法。

根据炸药用量的多少，爆破法分为中小型爆破开挖和大爆破开挖，其中使用频率最高的是中小型爆破开挖，大爆破的应用通常受到诸多因素的影响。例如，在开挖山岭地带的石方路堑时，如果岩层不太破碎，路堑较深且路线通过突出的山嘴时，采用大爆破开挖可有效提高施工效率；如果路堑位于页岩、片岩、砂岩、砾岩等非整体性岩石上时，则不宜用大爆破开挖。尤其是路堑位于岩石倾斜朝向路线且有砂岩、黏土层的软弱地段及易坍塌的堆积层时，禁止采用大爆破开挖，以免对路基的稳定性造成危害。

　　石方需用爆破法开挖的路段，如空中有缆线，应查明其平面位置和高度；还应调查地下有无管线，如果有管线，应查明其平面位置和埋设深度；同时应调查开挖边界线外的建筑物结构类型、完好程度、距开挖边界的距离等，然后制定爆破方案。任何爆破方案的制定，必须确保空中缆线、地下管线和施工区边界处建筑物的安全。进行爆破作业时必须由经过专业培训并取得爆破证书的专业人员施爆。土质深挖路堑无论是单边坡或双边坡，均应按照有关规范的规定开挖，靠近边坡3m以内禁止采用爆破法施工。在距边坡3m以外准备采用爆破法施工时，应进行缜密设计，防止炸药量过多，并报请有关部门批准。

　　（2）松土法

　　松土法，即充分利用岩体的各种裂缝和结构面，先用推土机牵引松土器将岩体翻松，再用推土机或装载机与自卸汽车配合将翻松的岩块搬运到指定的地点。松土法开挖避免了爆破作业的危险性，而且有利于挖方边坡的稳定和附近建筑设施的安全。凡能用松土法开挖的石方路堑，应尽量不采用爆破施工法。随着大功率施工机械的使用，松土法越来越多地应用于石质路堑的开挖，而且开挖的效率越来越高，也使用松土法施工的范围越来越广。

　　松土法施工的效率与岩石破裂面情况及风化程度有关。岩体被破碎岩石分割成较大的块体时，松开效率高。当岩体已裂开成为小块石或呈粒状时，松土只能劈成沟槽，松开效率低。砂岩、石灰岩、页岩等沉积岩有沉积层面，是比较容易松开的岩石。沉积层越薄，松动越容易。片麻岩、片岩、石英岩等变质岩的松动要根据其破裂面的发育情况而定。花岗岩、玄武岩、安山岩等岩浆岩不成层状或带状，松动比较困难。坚硬完整的岩石难翻松，可进行适当的浅孔松动爆破，再进行松土作业。松土施工所采用的松土器分为单齿松土器和多齿松土器两种。

　　（3）破碎法

　　破碎法开挖是利用破碎机凿碎岩块，然后进行挖运作业。这种方法是将凿子安装在推土机或挖土机上，利用活塞的冲击作用使凿子产生冲击力以凿碎岩石，其破碎岩石的能力取决于活塞的大小。破碎法主要用于岩体裂缝较多、岩块体积小、抗压强度低于100 MPa的岩石。由于开挖效率不高，破碎法开挖只能用于爆破法开挖和松土法开挖不能使用的局部场合，作为以上两种方法的辅助作业方式。

四、路基排水施工

水是造成路基及其沿线构造物病害的主要原因。危害路基的水可分为地面水和地下水两大类。路基排水的目的在于确保路基始终处于干燥、坚实和稳定状态。其任务就是将路基范围内的土基湿度降低到一定的范围。

（一）地面排水设施施工

排除地面水的各种设施应充分考虑多方面进入路基范围的水，包括因降雨、降雪以及从公路附近地区流向道路范围的水流，还包括路堑边坡排水和农田横跨道路的排水工程，由此来确定排水设施的排水能力。地面排水设施主要有边沟、截水沟、排水沟、跌水、急流槽、蒸发池、拦水带、渡槽、倒虹吸等。

1. 边沟

设置在挖方路基的路肩外侧或低路堤路基的坡脚外侧，用以汇集和排除路基范围内和流向路基的少量地面水的沟槽称为边沟。挖方地段和填土高度小于边沟深度的填方地段均应设置边沟，一般土质边沟宜采用梯形，矮路堤或机械化施工时可采用三角形，在场地宽度受到限制时，可用石砌矩形。石质路堑边沟可做成矩形，积雪、积砂路段边沟宜做成流线型。

一般情况下，边沟不宜与其他沟渠合并使用。为控制边沟中的水不致过多，一般每隔 300～500 m（特殊情况 200 m）设一道排水涵，以便及时将边沟水排至路基范围之外。边沟的沟底纵坡与路线纵坡相同，不宜小于 0.2%，以免水流阻滞淤塞边沟。当沟底纵坡大于 3% 时，应对边坡进行加固；当纵坡超过 6% 时，水流速度大而冲刷严重，可采用跌水或急流槽的形式缓冲水流。另外，在设置超高的平曲线区段内，挖方地段路基内侧标高的改变，可能形成边沟积水，危害路基，因此应注意使平曲线边沟沟底与平曲线前后沟底平顺衔接。

边沟的出水口必须进行处理。在路堑与路堤结合处，边沟沟底纵坡一般较陡，当边沟底与填土坡脚高差较大时，应结合地形与地质等具体条件采取两个方面的措施：①设置排水沟，将路堑边沟水沿出口处的山坡引向路基范围以外，使之不致冲刷填方边坡；自边沟与填方毗连处设跌水或急流槽，将水流直接引到填方坡脚之外。②当边沟的出口与桥涵的高差较大时，为避免边沟流水冲刷，应做如下处理，在涵洞进口处设置雨水井，或根据地形需要，在进口前设置急流槽与跌水等构造物，将水流引入涵洞；在桥头翼墙或挡土墙后端设置急流槽或跌水，将水引入河道。

2. 截水沟

截水沟又称天沟，是设置在挖方路基边坡坡顶以外或山坡路堤的上方，垂直于水流方向，用来截引路基上方流向路基的地面径流的排水设施。截水沟可以防止地表径流冲刷和侵蚀挖方边坡及路堤坡脚，并减轻边沟的泄水负担。

截水沟的断面形状一般为梯形，底宽不应小于 0.5 m，深度应根据拦截的水流量确定，不宜小于 0.5 m。边坡坡度视土质而定，一般可取 1：1.5 ~ 1：1。

截水沟离路堑边坡坡顶的距离 d 视土质不同而异，以不影响路堑边坡稳定为原则，一般取 $d \geq 5$ m。截水沟与路堑之间还要堆筑挡土土台。

山坡路堤上方的截水沟，应布置在路堤坡脚以外 2 m 处，截水沟与路堤之间修筑护坡道，顶面以 2% 的横坡向截水沟倾斜，如有取土坑，则在坑内挖沟，并加以修整。

截水沟应设有合适的纵坡度，沟底纵坡不应小于 0.3%，亦不可太大（大于3%），以免水流冲刷严重，一般取用 1% ~ 2%。对土质地段截水沟，还应适当加固，以保证不渗水和冲刷。截水沟处应综合利用地形，合理布置，若因地形限制，附近又无出水口时，可分段考虑。中部以急流槽衔接，若由于地形限制，汇水量大，将截水沟引至自然沟或路堤地段有困难，引入边沟又将过大增加路基挖方时，则应综合考虑，可在挖方较低处增设急流槽或涵洞，直接将水引至路基的另一侧，排至路基范围以外。

3. 排水沟

设置排水沟的目的在于将水流从路基排至路基范围以外的低洼处或排水设施中。在平丘区，当原有地面沟渠蜿蜒曲折，并且影响路基稳定时，可用排水沟来改善沟渠线路。有时为了减少涵洞数量，也使用排水沟来合并沟渠。

排水沟一般为梯形断面，底宽不小于 0.5 m，深度根据流量而定，但不宜小于0.5 m。边坡坡度视土质而定，一般可取 1：1.5 ~ 1：1。排水沟应尽量做成直线，如必须转弯时，其半径不宜小于 10 ~ 20 m。水沟长度按实际需要而定，通常不宜大于 500 m。当排水沟中的水流入河道或沟渠时，应使原水道不产生冲刷或淤积。

一般应使排水沟与原水道水流方向成锐角相交，并尽量小于 45°，保证汇流处水流顺畅。如限于地形，锐角连接有困难时，可用半径 $R=10b$ 的圆弧线形（弧长等于 1/4 圆周，b 为排水沟顶宽）。

（二）地下排水设施施工

拦截、汇集和排除地下水，或降低地下水位，使路基免遭破坏的结构物，称为地下排水设施。公路上常用的地下排水设施有明沟与排水槽、暗沟、渗井和渗沟等。

1. 明沟与排水槽

当地下水位高、潜水层埋藏不深时，可采用明沟或排水槽截流排除浅层地下水及降低地下水位，也可兼排地面水。明沟或排水槽必须深入潜水层，且不宜在寒冷地区采用。明沟断面一般采用梯形，边坡采用 1∶1.5 ~ 1∶1。明沟边坡一般应以干砌片石加固，并设反滤层以使水流渗入明沟，明沟纵坡宜适当加大，保证水流及时排出。

排水槽一般为矩形断面，可用混凝土、干砌或浆砌片石筑成，槽底纵坡不应小于 3%。当用混凝土或浆砌时，应视地下水流量及槽深设置一排或多排渗水孔，外侧填以粗颗粒透水材料。沿沟槽每隔 10 ~ 15 m，或当沟槽通过软硬岩层分界处时，应留伸缩缝和沉降缝。

2. 暗沟

暗沟是引导地下水流的沟渠。其目的是拦截或降低地下水，同时可以降低地下水位，防止毛细水上升至路基工作区范围内而降低土的强度，引起冻胀翻浆等破坏。通过沟内分层填实的不同粒径的颗粒材料，利用其透水性，将路基范围内的泉眼或渗沟汇集的水流排到路基范围以外。

暗沟的断面一般为矩形，亦可成上宽下窄的梯形，底宽为 0.3 ~ 0.5 m，高度为 1.0 ~ 1.5 m。沟内下部填石粒径为 3 ~ 5 cm，水可在缝隙中流动。为防止细料堵塞缝隙，粗粒径石块的上部和两侧分层填入较细料，每层厚约为 10 cm。暗沟的顶面和底面一般设有 0.3 m 厚的隔水层。

3. 渗井

当平坦地区如路基附近无河流、沟渠或洼地，地面水或浅层地下水无法排除，影响路基稳定，而距地面不深处又有透水层，地下水背离路基，同时地面水流量不大时，可设置渗井。

4. 渗沟

渗沟是一种常见的地下排水设施。其作用是切断、拦截有害的含水层和降低地下水位，保证路基经常处于干燥状态。渗沟按构造形式不同可分为填石渗沟、管式渗沟和洞式渗沟三种。

填石渗沟也称盲沟，一般用于流量不大、渗沟不长的路段，是目前公路上常用的一种渗沟。填石渗沟施工时应防止淤塞失效，由于排水层阻力较大，其纵坡不应小于 1%，一般可采用 5%，深度不超过 3 m，宽度一般为 0.7 ~ 1.0 m。

管式渗沟设于地下引水较长的地段。当渗沟过长时，应加设横向泄水管，将纵向渗沟内的水流分段迅速排除。沟底纵坡取决于设计流速，最大流速应考虑水管的构造及其使用寿命，且不致冲毁管下垫衬材料，一般以不大于 1 m/s 为宜，亦不应低于最小流速，最小纵坡为 0.5%，以免淤塞。

在施工中，必须注意以下问题：①渗沟的布置应尽可能与地下水流向互相垂直。②渗沟的横宽一般视埋藏深度、排水要求、施工和维修便利而定。③汇集水流时，为防止含水层中砂、土挤入渗沟，应设反滤层。④渗沟的施工与暗沟一样，宜由下游向上游施工，并应随挖、随撑、随填。⑤为了核查、维修渗沟方便，宜设置检查井。

五、特殊路基施工

（一）杂填土路基施工

1. 施工难点

杂填土形成原因具有一定的自身特点：①杂填土自重密度变形大、内空隙大、松散度高，属于欠压密土，具有很强的压缩性，在正常状态下除了受到荷载产生下沉外，自身也具有一定的自重压力下沉问题。②杂填土的强度低，成分较为复杂，由于形成时间各不相同，可能部分土壤未受到压密或者碾压处理，结构强度无法达到施工要求。杂填土内部成分较为复杂，性质不均匀，不同的组成部分之间差异性较大，这种多样化的组成对土壤性质产生影响，无法采用基本的路基处理方法进行处理。

2. 施工方法选择

杂填土处理主要包括注浆加固、挤密桩法、强夯、换填等方法。在选择处理方法的过程中除了要考虑道路自身结构、荷载特点、杂填土深度、周边情况等因素，还要考虑本地区的水文地质、气候条件。

3. 高温多雨地区高速公路大规模深层堆积杂填土基础处理施工法

高温多雨地区高速公路大规模深层堆积杂填土基础的处理是施工的重中之

重。多雨地区由于降水量大，跨度时间长，雨水下渗，对路基施工的负面影响十分明显。而高温情况下雨水下渗又会加快深层杂填土中的垃圾杂质的腐化，造成地基不均匀沉降，影响路基的质量，延缓施工进度。

通过对大规模深层堆积杂填土基础处理技术研究，目前已总结出强夯置换法，形成一套完备的施工工艺和控制标准。该法对建筑、生活垃圾等的地基处理具有一定的适用性。用强夯置换法加固处理地基在公路、工业厂房、电站机场、码头等大型建设项目中应用甚广。由于不同地区地基地质条件差异性较大，也导致了完全套用相关参数可能性较小，但针对类似地基处理经验可参考借鉴，因此在进行大面积强夯施工前必须进行试验，以确定各项参数。

（二）软土地基施工

1. 软土地基的概念及性质

软土地基是指压缩层主要由淤泥及淤泥质土、吹填土、杂填土或其他高压缩性土层组成的地基。只要外荷加在土基上，就有可能出现过大变形和强度不够等问题，使建筑物（路基、桥涵等构造物）出现下沉、裂缝甚至破坏等，这种地基都应视为软土地基。当前道路软土地基常会引起以下问题：①由于道路等级高，路堤填土高，引起路基的沉降、路堤的失稳。②由于桥头路堤和桥台的沉降差，在高速行驶下引起跳车。③软基沉降量超出允许范围引起路基沉降、路堤失稳。④软基上结构物的沉降、涵管弯曲。⑤软基上各类路面结构类型的设计与施工存在问题。

从软基加固角度看，一般来说砂类土地基承载力比黏质土地基承载力高，沉降也比黏质土小，并且由于砂类土较易透水，其在外荷载作用下产生的沉降能在短时间内完成，不像黏质土那样有一个漫长的过程。但是砂类土，特别是松散的细砂或粉砂，在地震力作用下会发生液化，所以防止液化是砂类土加固时的一项重要内容。

2. 软土地基的加固措施与施工

淤泥、淤泥质黏土、淤泥质亚黏土及泥混砂土等软土层在我国沿海、沿江、湖泊及湿地等附近地区分布广泛。在这些软土地区修建高速公路，常会遇到地基土强度低、变形、稳定性差、渗漏和液化几个方面的问题。然而，施工期间和施工后的沉降问题常常是主要影响因素，因此需进行地基处理来减小沉降。地基处理的目的是利用置换、夯实、排水、胶结、加筋和化学处理等方法对地基进行加固，以改善地基土的强度、压缩性、渗透性、动力特性等。软土地基的处理方法很多，现就一些常用措施进行介绍。

（1）排水固结法

塑料排水板法：塑料排水板处理软基的原理是利用深插软基的排水板来避免路基外侧地表及地下水进入路基范围。当填筑路基时，荷载作用于软基，地下水由于受挤压和毛细作用沿塑料排水板上升至砂垫层内，由砂垫层向两侧排出，从而提高基底承载力。

砂井排水法：砂井排水法是在软土层上设置垂直排水井，一般由中砂或粗砂构成，国内也有用纸板的。方法是将下端装有埋入式桩靴的钢管打入土中，然后从上端灌入砂子，分层夯实，同时将管向上拔起，直至桩孔灌满砂，形成砂井。在黏性土中也可先打入木桩，拔出桩后在孔中填砂夯实。

（2）换填法

开挖换填法：开挖换填法即在一定范围内把软土挖除，用无侵蚀作用的低压缩散体材料置换，分层夯实。按软土层的分布形态与开挖部位，有全面开挖换填和局部开挖换填两种。在开挖换填法施工选择填料时，要考虑路堤高度、软土层厚度及地下水位等因素，宜用排水性能好（即使以后处于地下水位以下仍能保持足够承载力）的砂及其他粗粒料。另外，根据开挖的深度与土的抗剪强度确定合理的边坡坡度。开挖时若用水泵排水，边坡容易被破坏，从而增加挖方量，因此，如果有不需要压实的良好换填材料（以不排水为宜），为防止边坡塌落，应随时开挖随时填料。

强制换填法：按施工方法分为路堤载荷强制换填法和爆破换填法两种。①路堤载荷强制换填法。即依靠路堤载荷将部分软土层强制挤出，用良好的填筑材料置换。施工时，应从中线起逐渐向外侧填筑。但对于宽路堤，由于沉降不一致，从而在路堤下面残留部分软土，完工后会发生不均匀沉降，应引起施工方注意。②爆破换填法。这种方法是把炸药装入软土层，通过爆破作用将软土挤出。这种方法对周围的影响很大，只限于爆破对周围构造物或设施没有不良影响的地区使用。并且一般要通过几次爆破使路堤逐渐下沉，两侧挤出隆起的软土要及时挖除，保证爆破效果不降低。

（3）反压护道法

在路堤的一侧或两侧填筑适当高度与宽度的单级或多级护道，使路堤下的淤泥或泥炭向两侧隆起的趋势得到平衡。同时，加宽了荷载的分布宽度，减少了路堤的基底应力，从而保证路堤的稳定。

护道的高度与宽度应通过圆弧法测算确定。打击护道高度不许低于极限高度，一般为路堤高度的 1/3 ~ 1/2。

采用反压护道加固路基，不需特殊机具和材料，施工简易，因此，该法适用于非耕作区，取土不困难地区和路堤高度小于 1.5 ~ 2 倍极限高度的软基。

第二节　路面基层施工与质量控制

一、半刚性基层施工

半刚性基层的混合料可在拌和厂（场）集中拌和，也可沿路拌和，故施工方法有厂拌法和路拌法之分。高速公路和一级公路的半刚性基层对强度、平整度等技术性能有较高的要求，应采用施工质量好、进度快的厂拌法施工；其他公路的半刚性基层可用路拌法施工。

（一）铺筑试验路

高速公路和一级公路或使用新技术、新材料及新工艺的半刚性基层，在大面积施工前，应先铺筑一定长度的试验路。通过试验路的铺筑，施工单位可进行施工工艺的优化，找出施工过程中存在的主要问题，取得实现成功施工的经验，为大面积基层的铺筑确定合适的施工方法，同时还可以检验拌和、运输、碾压、养生等步骤的可靠性。根据试验路铺筑的具体情况，制订合理可行的施工组织计划，检验铺筑的半刚性基层质量是否符合设计和规范要求，并提出质量控制措施。

此外，设计和建设单位也可对试验路的实际使用效果进行分析，对所设计的路面结构形式、混合料组成设计、基层的路用性能等一系列指标进行再次论证。从而优选出经济、适用的路面结构方案，并确定最终采用的基层类型及混合料配合比。

（二）施工方法

1. 厂拌法施工

厂拌法施工是在中心拌和厂（场）用强制式拌和机、双转轴桨叶式拌和机等，拌和设备将原材料拌和成混合料，然后运至施工现场进行摊铺、碾压、养护等工序作业的施工方法。无拌和设备时，也可用路拌机械或人工在现场分批集中拌和之后，再进行其他工序的作业。厂拌法施工前，应先调试用于拌和、摊铺、碾压等工序的设备，使之处于良好的工作状态。拌和前应进行适当的试拌，使拌和的混合料组成符合设计要求。

2. 路拌法施工

路拌法施工是将集料或土、结合料按一定顺序均匀平铺在施工作业面上，用路拌机械拌和均匀并使混合料含水率接近最佳含水率，随后进行碾压等工序的作业。路拌法施工的流程为：下承层准备→施工测量→备料→摊铺→拌和→整形→碾压→养护。

（三）施工应注意的问题

1. 施工季节

半刚性基层宜在春末或夏季组织施工。施工期间的最低气温应在5℃以上。在冰冻地区，应保证在结冻前有一定成型时间，即在第一次重冰冻（-35℃）到来之前的半个月到一个月（水泥稳定类）或一个月到一个半月（石灰、工业废渣稳定类）内完成。若不能达到上述要求，则碾压成型的半刚性基层应采取覆盖措施，以防止冻融破坏。多雨地区应避免在雨季施工石灰土结构层。雨季施工水泥稳定土或石灰稳定中、粗粒土时，应特别注意气候变化，采取措施避免结合料或混合料遭雨淋。降雨时应停止施工，及时排除地表水，使运到路上的材料不过分潮湿，已经摊铺的混合料应尽快碾压密实。

2. 接缝及"掉头"处的处理

无论用厂拌法还是路拌法施工，均应尽量减少横向接缝和纵向接缝，必须设置接缝时应妥善处理。对于水泥稳定类基层，同一天施工的两个作业段衔接处应搭接拌和，即前一段拌和后留下长5~8 m的混合料不碾压，待后一段施工时，在前一段未碾压的混合料中加入水泥并拌和均匀。每一工作日的最后一段水泥稳定类基层完工后，应将末端设置成垂直端面，以保证接缝处有良好的传荷能力。对于石灰稳定类和工业废渣稳定类基层，同一天施工的两作业段衔接处可按前述方法处理，但不再添加结合料。施工过程中出现的纵向接缝应设置成垂直接缝，接缝区的混合料应充分碾压密实。

拌和机等施工机械不应在已碾压成型的稳定类基层上"掉头"、制动或突然启动。若必须进行这些操作时，应采取有效措施保护基层。

3. 水泥稳定类混合料基层施工作业段长度的确定

确定水泥稳定类混合料基层的施工作业段长度应考虑水泥的终凝时间、延迟时间、工程质量要求、施工机械效率及气候条件等因素。延迟时间宜控制在 3～4 h，不得超过水泥的终凝时间。在保证混合料强度符合要求的前提下，尽可能增长施工作业段长度。为此，水泥稳定类基层应采用流水作业法组织施工，使各工序紧密衔接，尽可能缩短延迟时间以增加施工流水段长度。一般条件下，每作业段长度以 200 m 为宜。

二、粒料类基层施工

（一）粒料类基层材料

在路桥工程中，需要使用的粒料类基层材料主要有以下几种。

1. 级配碎石基层

所谓级配碎石基层是指由粗碎石、细碎石和石屑共同搅拌而成的建筑材料，这种建筑材料主要应用在各级公路基层建筑中，是路桥工程的底基层部分。同时，级配碎石基层还可以用作薄沥青路面和基层之间的加固部分，起到防止沥青层开宽裂的作用，同时可以避免裂缝的产生。对于符合级配要求的碎石来说，可以采用不同的颗粒和石屑进行搅拌，只要是符合安全生产要求的部分，都可以用这种碎石基层进行处理，保证其圆滑度。

2. 级配砾石颗粒

级配砾石颗粒是一种常见的路桥工程价值基材料，其曲线较级配碎石基层更圆滑，当可塑性较高时，塑性的指数和细土的含量有一定的比例。级配砾石的使用场合和级配碎石基层基本相承同，对于不同的道路施工，需要不同的数值要求。

3. 填隙碎石基层

一般来说，填隙碎石基层是使用单一的粗碎石为主要的骨输料，用石屑作为整体建筑的填隙材料的一种道路施工形式。在我国，这种施工形式主要应用于二级及以下的道路施工，因其对于材料量的密实度要求过小，所以可以使用填隙碎石结构。填隙碎石主要应用于大型的骨架之间，充当碎石使用，提高了密实性，能够保证整体的强度和稳定性。如果没有碎石，可以用粗砂代替，各种坚硬的岩石也可以用作这方面使用。提高抗压能力，是做好基层工作的前提和关键。

（二）粒料类基层施工

1.级配碎石基层施工

（1）适用范围

适用范围：各级公路的基层和底基层。

用于高速公路、一级公路基层或半刚性路面中间层时应采用集中厂拌法（用沥青混凝土摊铺机或其他碎石摊铺机摊铺）；用于高速公路、一级公路底基层时可采用集中厂拌法（用沥青混凝土摊铺机或其他碎石摊铺机）或路拌法（人工或平地机摊铺，稳定土拌和机拌和，平地机整形）。

用于二级公路时可采用集中厂拌法（自动平地机或摊铺箱摊铺）或路拌法（人工或平地机摊铺，稳定土拌和机拌和，平地机整形）。

用于二级以下公路时可采用集中厂拌法（自动平地机或摊铺箱摊铺）或路拌法（人工或平地机摊铺，平地机或多作型与缺口圆盘耙配合进行拌和，平地机整形）。

（2）施工材料的要求

用于二级和二级以上公路的基层和底基层时，应预先筛分成几组粒径不同的碎石和粒径4.75 mm以下的石屑组配而成。其颗粒组成应符合相应的试验规程要求，且级配曲线为平滑曲线，塑性指数应符合规定要求。

用于二级以下公路的基层和底基层时，可用未筛分碎石和石屑组配而成。

用于二级和二级以下公路的基层和底基层时，最大粒径37.5 mm；用于高速和一级公路或半刚性路面中间层时，最大粒径31.5 mm。碎石中针片状颗粒含量不超过20%，且碎石中不应有黏土块、植物等物质。缺乏石屑时可用细砂砾或粗砂代替。

2.级配砾石施工

（1）适用范围

轻交通的二级和二级以下公路的基层以及各级公路的底基层。

（2）施工材料要求

其颗粒组成应符合相应的试验规程要求，且级配曲线为平滑曲线，塑性指数应符合规定要求。用于基层时，最大粒径37.5 mm；用于底基层时，最大粒径53 mm。

碎石中针片状颗粒含量不超过20%，且碎石中不应有黏土块、植物等物质。

三、路面基层施工质量控制

（一）施工前的质量管理

1. 材料的标准试验

在组织现场施工前及在施工过程中，原材料（包括土）或混合料发生变化时，必须对拟采用的材料进行规定的基本性质试验，评定材料质量和性能是否符合要求。

对用作底基层和基层的原材料，应进行含水量、颗粒分析、液限、塑限、相对毛体积密度、吸水率、压碎率、有机质和硫酸盐含量、有效钙、氧化镁、水泥标号、终凝时间以及烧失料的试验。

对初步确定使用的底基层和基层混合料，包括掺配后不用结合料稳定的材料，应进行承载比、延迟时间、抗压强度的试验，以及重型击实试验。

2. 铺筑试验段的质量管理

在底基层和基层正式开工之前，应铺筑试验段。

应通过铺筑无结合料的集料基层试验段，确定以下主要项目：用于施工的集料配合比例；材料的松铺系数；确定标准施工方法；集料数量的控制；集料摊铺方法和适用机具；合适的拌和机械、拌和方法、拌和深度和拌和遍数；集料含水量的增加和控制方法；整平和整形的适用机具和方法；压实机械的选择和组合，压实的顺序、速度和遍数；拌和、运输、摊铺和碾压机械的协调和配合；密实度的检查方法，确定每一作业段的最小检查数量；确定每一作业段的合适长度；确定一次铺筑的合适厚度。

通过铺筑水泥稳定土、石灰稳定土和石灰工业废渣稳定土基层的试验段，确定控制结合料数量和拌和均匀性的方法对于水泥稳定土基层的具体影响，以及通过严密组织拌和、洒水、整形、碾压等工序来缩短延迟时间，规定允许的拌和时间。

（二）施工过程中的质量管理

施工过程中的质量管理包括外形尺寸的控制、检查以及质量控制和检查。

外形尺寸检查项目应符合表 3-1 的要求。

表 3-1　外形尺寸要求

工程类别	项目		频度 高速公路和一级公路	质量标准	
				高速公路和一级公路	一般公路
基底层	纵断高程 /m		二级及二级以下公路每 20 延米 1 点；高速公路和一级公路每 20 延米 1 个断面，每个断面 3～5 个点	+5，-15	+5，-20
	厚度 /mm	均值	每 1 500～2 000 m², 6 个点	-10	-12
		单个值		-25	-30
	宽度 /mm		每 40 延米 1 处	0 以上	0 以上
	横坡度 /%		每 100 延米 3 处	±0.3	±0.5
	平整度 /mm		每 200 延米 2 处，每处连续 10 尺（3 m 直尺）	12	15
基层	纵断高程 /m		二级及二级以下公路每 20 延米 1 点；高速公路和一级公路每 20 延米 1 个断面，每个断面 3～5 个点	+5，-10	+5，-15
	厚度 /mm	均值	每 1 500～2 000 m², 6 个点	-8	-15
		单个值		-10	-20
	宽度 /mm		每 40 延米 1 处	0 以上	0 以上
	横坡度 /%		每 100 延米 3 处	±0.3	±0.5
	平整度 /mm		每 200 延米 2 处，每处连续 10 尺（3 m 直尺）	8	12
	—		连续式平整度仪的标准差 /mm	3.0	—

质量控制的项目、频度和质量标准应符合表 3-2 的要求。

表 3-2   质量控制的项目、频度和质量标准

工程类别	项目	频度	质量标准
无结合料基底层	含水量	据观察，异常时随时增加试验	在本规范规定范围内
	级配	据观察，异常时随时增加试验	在本规范规定范围内
	拌和均匀	随时观察	无粗细集料离析现象
	压实度	每一作业段或不大于 2 000 m² 检查 6 次以上	96% 以上，填隙碎石以固体体积率表示，不小于 83%
	塑性指数	每 1 000 m² 1 次，异常时随时增加试验	不小于本规范规定值
	承载比	每 3 000 m² 1 次，据观察，异常时随时增加试验	不小于本规范规定值
	弯沉值检验	每一评定段（不超过 1 km）每车道 40 ~ 50 个测点	96%(二级及二级以下公路)或 97.7%（高速公路和一级公路）概率的上波动界限不大于计算得的容许值
无结合料基层	含水量	据观察，异常时随时增加试验	在本规范规定范围内
	级配	每 2 000 m² 1 次	在本规范规定范围内
	拌和均匀	随时观察	无粗细集料离析现象
	压实度	每一作业段或不大于 2 000 m² 检查 6 次以上	级配集料基层 98%，中间层 100%，填隙碎石固体体积率 85%
	塑性指数	每 1 000 m² 1 次，异常时随时增加试验	小于本规范规定值
	集料压碎值	据观察，异常时随时增加试验	不超过本规范规定值
	承载比	每 3 000 m² 1 次，据观察，异常时随时增加试验	不小于本规范规定值
	弯沉值检验	每一评定段（不超过 1 km）每车道 40 ~ 50 个测点	95%(二级及二级以下公路)或 97.7%（高速公路和一级公路）概率的上波动界限不大于计算得的容许值

工程类别	项目		频度	质量标准
水泥或石灰稳定及综合稳定土	级配		每 2 000 m² 1 次	在本规范规定范围内
	水泥或石灰剂量		每 2 000 m² 1 次，至少 6 个样品，用滴定法或用直读式测钙仪试验，并与实际水泥或石灰用量校核	不小于设计值 −1%
	含水量	水泥稳定土	据观察，异常时随时增加试验	在本规范规定范围内
		石灰稳定土		
	拌和均匀性		随时观察	无灰条、灰团、色泽均匀，无离析现象
	压实度	稳定细粒土	每一段作业或不大于 2 000 m²，检查 6 次以上	二级及二级以下公路 93% 以上，高速公路和一级公路 95% 以上
		稳定中粒土和粗粒土		二级及二级以下公路的底基层 95%，基层 97% 以上；高速公路和一级公路的底基层 96%，基层 98% 以上
	集料压碎值		据观察，异常时随时增加试验	不超过本规范规定值
	抗压强度		稳定细粒土，每作业段或每 2 000 m² 6 个试件；稳定中粒土和粗粒土，每一作业段或每 2 000 m² 6 个或 9 个试件	符合本规范规定要求

工程类别	项目		频度	质量标准
石灰工业废渣稳定土	延迟时间		每个作业段 1 次	不超过本规范规定
	配合比		每 2 000 m² 1 次	石灰剂量不小于设计值的 –1%（当石灰剂量少于 4% 时，为不小于设计值 –0.5%）
	级配		每 2 000 m² 1 次	在本规范规定范围内
	含水量		据观察，异常时随时增加试验	最佳含水量 ±1%（二灰土为 ±2%）
	拌和均匀性		随时观察	无粗细集料离析现象
	压实度	二灰土	每一作业段或不大于 2 000 m² 检查 6 次以上	二级及二级以下公路93% 以上，高速公路和一级公路95%以上
		其他含粒料的石灰工业废渣		二级及二级以下公路底基层95% 或93%，基层97% 以上；高速公路和一级公路的底基层97% 或95%，基层98% 以上
	抗压强度		稳定细粒土，每作业段或每 2 000 m² 6 个试件；稳定中粒土和粗粒土，每一作业段或每 2 000 m² 6 个或 9 个试件	符合规定要求

对于无机结合料稳定基层，应取钻件（俗称路面芯样）检验其整体性。水泥稳定基层的龄期为 7～10 d 时，应能取出完整的钻件。二灰稳定基层的龄期为 20～28 d 时，应能取出完整的钻件。

如果路面钻机取不出水泥稳定基层或二灰稳定基层的完整钻件，则应找出不合格基层的界限，进行返工处理。

第三节　地基处理与桩基础工程施工技术

一、特殊土地基的处理技术

（一）特殊土地基的工程性质及处理原则

1. 饱和淤泥土

工程上将淤泥和淤泥质土称为软土。软土是以黏粒为主的土，是在静水或非常缓慢的流水环境中沉积而成。软土含水量大，压缩性高，透水性小，承载力低，呈软塑、流塑状态，多分布在我国东南沿海、沿江和湖泊地区。软土中分布量大、面广的是淤泥类土，其属于低强度、高压缩性的有机土，是事故多发、难以处理的地基土。

2. 杂填土地基

杂填土系由堆积物组成。堆积物一般为含有建筑垃圾、工业废料、生活垃圾、弃土等杂物的填土。杂填土下多为形状不规则的池塘、洼地。堆积物的成分、堆积时间、地点等极无规律，且有些堆积物与水、塘泥混杂。发现杂填土也很不容易，有些在勘查阶段发现，有些在开挖基坑时发现，也有些则在事故出现后才发现。

杂填土堆积时未经人工控制和处理，成分复杂、均匀性差；堆积时间各异；粗骨料较多，经过多年堆积及雨淋渗流作用，有的较密实，有的含有不规则空洞；渗透系数一般较大，动力夯击一般不会出现橡皮土现象。因此，杂填土是压缩性极不均匀，强度差异很大，部分为高压缩性的软弱地基土，但不能和软土混为一谈。杂填土未经处理，不得做地基，必须慎重对待。

3. 湿陷性黄土

湿陷性黄土是一种特殊的黏性土，浸水便会产生湿陷，使地基出现大面积或局部下沉，造成房屋损坏。它广泛分布于我国的河南、河北、山东、山西、陕西及北部边缘等地区。

（二）特殊土地基的处理方法

在特殊土地基上建造建（构）筑物，这类地基土强度低，压缩性高，易引起上部结构开裂或倾斜。一般需经过地基处理，因为（构）筑物不均匀沉降，造成地基处理就是按照上部结构对地基的要求，对地基进行必要的加固或改良，提高地基土的承载力，保证地基稳定，减少房屋沉降或不均匀沉降，消除湿陷性黄土湿陷现象等。地基处理的方法甚多，仍在不断涌现和完善。现介绍几种常见的处理方法。

1. 灰土垫层

灰土垫层是采用石灰和黏性土拌和均匀后，分层夯实而成。石灰与土的配合比一般采用体积比，比例为 2：8 或 3：7，其承载能力可达到 300 kPa，适合于地下水位较低、基槽经常处于较干状态下的一般黏性土地基的加固。施工方法简便，取材容易，费用较低。

2. 砂垫层和砂石垫层

当地基土较软时，常将基础下面一定厚度软弱土层挖除。用砂或砂石垫层来代替，以起到提高基础土地基承载力，减少沉降，加速软土层排水固结作用。一般用于具有一定透水性的黏土地基加固，但不用于湿陷性黄土地基和不透水的黏性土地基的加固，以免引起地基大量下沉，降低其承载力。

3. 碎砖二合土垫层

碎砖二合土垫层是用石灰、砂、碎砖（石）和水搅拌均匀后，分层铺设夯实而成。配合比应按设计规定，一般用 1：2：4 或 1：3：6。碎砖粒径为 20 ~ 60 mm，不得含有杂质；砂黏性土中不得含有草根、贝壳等有机物；石灰用未粉化的生石灰块，使用时临时加水化开。施工时，按体积量好材料，倒在拌合板上浇水拌匀，然后用铁锹铲入基槽中。

二、桩基础工程施工技术

（一）钢筋混凝土预制桩施工

钢筋混凝土预制桩能承受较大荷载，坚固耐久，施工速度快，但对周围环境影响较大，是我国广泛应用的桩型之一。常用的为钢筋混凝土方形实心断面桩和圆柱体空心断面桩，预应力混凝土桩正在推广应用。钢筋混凝土方桩的断面尺寸多为 250 ~ 550 mm，单根桩或多节桩的单节长度，应根据桩架高度、制作场地、道路运输和装卸能力而定。多节桩，如用电焊或法兰接桩时，节点的竖向位置应避开土层中的硬火层。如在工厂预制，长度不宜超过 12 m；如在现场预制，长度不宜超过 30 m。混凝土强度等级不宜低于 C30，桩身配筋率不宜小于 0.8%，压入桩不宜小于 0.5%，纵向钢筋直径不宜小于 14 mm。桩身宽度或直径大于或等于 350 mm，纵向钢筋不宜少于 8 根，桩的接头不宜超过 2 个。

1. 钢筋混凝土预制桩的制作、起吊、运输和堆放

钢筋混凝土预制桩多数在打桩现场或附近就地制作，为节省场地，现场预制桩多为叠浇法施工，重叠层数不宜超过 4 层。桩与桩间应做好隔离层，上层桩或邻桩的浇筑必须在下层桩或邻桩的混凝土达到设计湿度的 30% 以后方可进行。预制场地应平整、坚实，并防止浸水沉陷，以确保桩身平直。钢筋骨架的主筋连接宜用对焊。同一根钢筋的接头距离应大于 30 d，并不小于 500 mm。同一截面内的接头数不得超过 50%。钢筋骨架及桩身尺寸的允许偏差不得超出规定，否则桩易打坏。

预制桩的混凝土常用 C30 ~ C40，混凝土应由桩顶向桩尖连续浇筑捣实，一次完成。制作完后，应洒水养护不少于 7 d。混凝土粗骨料尺寸宜为 5 ~ 40 mm。桩的混凝土达到设计强度的 70% 方可起吊，达到 100% 方可运输和打桩。桩在起吊和搬运时，吊点应符合设计规定。

起吊时应平稳提升，吊点同时离地。如要长距离运输，可采用平板拖车或轻轨平板车运输。

桩堆放时，地面必须平整、坚实，垫木间距应根据吊点确定，各层垫木应位于同一垂直线上，最下层垫木应适当加宽，堆放层数不宜超过 4 层，不同规格的桩应分别堆放。

2. 钢筋混凝土预制桩的沉桩

钢筋混凝土预制桩的沉桩方法有锤击法、静力压桩法。

（1）锤击法

锤击法是利用桩锤的冲击能克服土对桩的阻力，使桩沉到预定深度或达到持力层。该法施工速度快，机械化程度高，适用范围广，但施工时有振动、挤土、噪声和污染现象，不宜在市中心和夜间施工。

打桩设备包括桩锤、桩架和动力装置。桩锤是对桩施加冲击力，将桩打入土中的主要机具。桩架是支持桩身和桩锤，将桩吊到打桩位置，并在打桩过程中引导桩的方向，保证桩沿着所要求方向冲击的打桩设备。动力装置取决于所选的桩锤。当选用蒸汽锤时，则需配备蒸汽锅炉和卷扬机。

（2）静力压桩法

静力压桩法是利用无振动、无噪声的静压力将桩压入土中，用于软弱土层和邻近怕振动的建筑物地基的处理。静力压桩可以消除由于打桩而产生的振动和噪声。

静力压桩过去是利用桩架的自重和压重，通过滑轮组成液压将桩压入土中。近年来多用液压的静力压桩机，压力可达 400 t。压桩一般分节压入，逐段接长，为此需要桩分节预制。当第一节桩压入土中，其上端距地面 2 m 左右时，将第二节桩接上，继续压入。压同一根桩，各工序应连续施工。如初压时桩身发生较大位移、倾斜，压入过程中如桩身突然下沉或倾斜，桩顶混凝土破坏或压桩阻力剧变时，都应暂停压桩，及时研究处理。

目前接桩主要有三种方法，即焊接法、法兰接法和浆锚法。前两种接桩方法适用于各类土层，后者只适用于软弱土层。其中焊接法应用最多，接桩时，必须对准下节桩并垂直无误后，用点焊将拼接角钢连接固定，再次检查位置，若正确方可进行焊接。施焊时，应两人同时在对角对称地进行，以防止节点变形不均匀而引起桩身歪斜。焊缝要连续、饱满。接桩时上、下节桩的中心线偏差不得大于 10 mm，节点弯曲矢高不得大于 0.1% 桩长。

（二）混凝土灌注桩施工

混凝土灌注桩是直接在桩位上就地成孔，然后在孔内灌注混凝土或安装钢筋笼再灌注混凝土而成。根据成孔工艺不同，分为干作业成孔灌注桩、泥浆护壁成孔灌注桩等。

1. 干作业成孔灌注桩

干作业成孔灌注桩通常用于地下水位较低、在成孔深度内无地下水的土质，无须护壁可直接取土成孔。目前常用螺旋钻机成孔。螺旋钻机利用动力旋转钻杆，钻杆带动钻头上的叶片旋转来切削土层，削下的土屑靠与土壁的摩擦力沿叶片上升排出孔外。在软塑土层含水量大时，可用疏纹叶片钻杆，以便较快地钻进。

2. 泥浆护壁成孔灌注桩

泥浆护壁成孔是用泥浆保护孔壁，防止塌孔和排出土渣成孔，对不论地下水位高或低的土层都适用。

（1）测定桩位

根据建筑的轴线控制桩定出桩基础的每个桩位，可用小木桩标记。桩位放线允许偏差 20 mm。正式灌注桩之前，应对桩基轴线和桩位复查一次，以免木桩标记变动而影响施工。

（2）埋设护筒

护筒是用 4~8 mm 厚钢板制成的圆筒，其内径应大于钻头直径 100 mm。其上部宜开设 1~2 个溢浆孔。埋设护筒时先挖去桩孔处表土，将护筒埋入土中。护筒中心与桩位中心的偏差不得大于 50 mm。护筒与坑壁之间用黏土填实，以防漏水。护筒埋深在黏土中的深度不小于 1.0 m；在砂土中不宜小于 1.5 m。护筒顶面应高于地面 0.4~0.6 m，并应保持孔内泥浆面高出地下水位 1 m 以上。护筒的作用是固定桩孔位置、防止塌孔和成孔时引导钻头方向。

（3）制备泥浆

制备泥浆的方法应根据土质条件确定：在熟性土中成孔时可在孔中注入清水，钻机旋转时，切削土屑与水拌合，用原土造浆，泥浆相对密度应控制在 1.1~1.2；在其他土中成孔时，泥浆制备应选用高塑性黏土或膨胀土；在砂土和较厚的火砂层中成孔时，泥浆相对密度应控制在 1.1~1.3；在穿过火砂卵石层或容易塌孔的土层中成孔时泥浆相对密度应控制在 1.3~1.5。施工中应经常测定泥浆相对密度，并定期测定黏度、含砂率和胶体率等指标。废弃的泥浆、泥渣应妥善处理。

（4）成孔

成孔机械有回转钻机、潜水钻机、冲击钻等，其中以回转钻机应用最多。

回转钻机成孔：回转钻机是由动力装置带动钻机回转装置转动，由其带动带有钻头的钻杆转动，由钻头切削土壤。根据泥浆循环方式的不同，分为正循环回转钻机和反循环回转钻机。正循环回转钻机成孔的工艺，由空心钻杆内部通入泥浆或高压水，从钻杆底部喷出，携带钻下的土渣沿孔壁向上流动，将土渣从孔口带出流入泥浆沉淀池。反循环回转钻机成孔的工艺，泥浆或清水由钻杆与孔壁间的环状间隙流入钻孔，然后由吸泥泵等在钻杆内形成真空，使之携带钻下的土渣由钻杆内腔返回地面流向泥浆池。反循环工艺的泥浆上流的速度较高，能携带较大的土渣。

潜水钻机成孔：潜水钻机是一种旋转式机械，其动力、变速机构和钻头连在一起，可以下放至孔中地下水中成孔，用正循环工艺将土渣排出孔外。

冲击钻成孔：冲击钻主要用于在岩土层中成孔，成孔时将冲锥式钻头提升一定高度后以自由下落的冲击力来破碎岩层，然后用掏渣筒来掏取孔内的渣浆。

（5）清孔

当钻孔达到设计要求深度后，即应进行验孔和清孔，清除孔底沉渣、淤泥，以减少桩基的沉降量，提高承载能力。对不易塌孔的桩孔，可用空气吸泥机清孔，气压为 0.5 MPa，使管内形成强大高压气流向上涌，被搅动的泥渣随着高压气流上涌，从喷口排出，直至孔口喷出清水为止；对稳定性差的孔壁应用泥浆（正、反）循环法或掏渣筒排渣。孔底沉渣厚度对于端承桩 ≤ 50 mm，对于摩擦桩 ≤ 300 mm。清孔满足要求后，应立即吊放钢筋笼并灌注混凝土。

（6）浇筑水下混凝土

在无水或水少的浅桩孔中灌注混凝土时，应分层浇筑振实，分层高度一般为 0.5 ~ 0.6 m，不得大于 1.5 m。混凝土坍落度在一般黏性土中宜为 50 ~ 70 mm；在砂类土中为 70 ~ 90 mm；在黄土中为 60 ~ 90 mm；在水下宜为 100 ~ 220 mm。水泥用量不少于 360 kg/m³，含砂率为 40% ~ 45%，宜选用中粗砂，为改善和易性及缓凝性，宜掺外加剂。

水下混凝土浇筑常用导管法。其方法是利用导管输送混凝土并使之与环境水隔离，依靠管中混凝土的自重，压管口周围的混凝土在已浇筑的混凝土内部流动、扩散，以完成混凝土的浇筑工作。

套管成孔灌注桩是利用锤击打桩法或振动打桩法，将带有钢筋混凝土桩靴或带有活瓣式桩靴的钢套管沉入土中，然后灌注混凝土并拔管而成。若配有钢筋时，则在规定标高处吊放钢筋骨架。

第四节 沥青路面施工

一、层铺法、路拌法施工沥青路面

（一）沥青表面处治

沥青表面处治是用沥青裹覆矿料，铺筑厚度小于 3 cm 的一种薄层路面面层。其主要作用是防水、抗磨耗、防滑和改善碎（砾）石路面的使用品质，改善行车条件。在计算路面厚度时，不作为单独受力结构层。沥青表面处治层在施工完毕后，须经过一段时间的行车碾压，特别是一定高温下的行车碾压，使其矿料取得最稳定的嵌紧位置，并同沥青黏结牢固，这一过程称为"成型"阶段。因此，沥青表面处治宜选择在干燥和较热的季节施工，并在雨季前及日最高温度低于15℃到来之前半个月结束，使表面处治层通过开放交通后靠行车压实，成型稳定。

沥青表面处治层是按嵌挤原则构成强度的，为了保证矿料间有良好的嵌挤作用，同一层的矿料颗粒尺寸应力求均匀，其最大粒径应与表面处治单层厚度相当。当采用乳化沥青时，为了减少乳液流失，可在主层集料中掺加20%以上的较小粒径的集料。沥青表面处治层施工后，应在路侧另备5~10 mm碎石或3~5 mm石屑、粗砂或小砾石2~3 m³/1 000m²作为初期养护用料，在施工时与最后一遍料一起撒布。

沥青表面处治可采用道路石油沥青或乳化沥青。在远离城市的边远地区可采用煤沥青。沥青表面处治各层沥青用量应根据施工气温、沥青标号以及基层情况，在规定范围内选用。此外，对矿料的其他质量要求，如足够的强度和耐磨性能、与沥青良好的黏结力、干燥清洁无杂质等，也适用于其他类型的沥青路面。沥青表面处治可采用拌和法或层铺法施工。拌和法施工可采用热拌热铺法或冷拌冷铺法，层铺法宜采用沥青洒布车及集料撒布机联合作业，并确保各工序紧密衔接。每个作用段长度应根据压路机数量，沥青洒布设备及集料洒布机能力等确定，当天施工的路段必须在当天完成。单层及三层沥青表面处治的施工程序与双层式相同，仅需相应地减少或增加一次洒布沥青、撒铺矿料和碾压工序。层铺法沥青表处的施工工艺如下。

1. 清理下承层

在表面处治层施工前，应将路面下承层清扫干净，使下承层的矿料大部分外露，并保持干燥。对有坑槽、不平整的路段应先修补和整平，若下承层整体强度不足，则应先予补强。级配砂砾、级配碎石下承层及水泥、石灰、粉煤灰等无机结合料稳定土或粒料的半刚性基层上须浇洒透层沥青，并且应尽早铺筑沥青面层。但当乳化沥青作透层时，洒布后应待其充分渗透、水分蒸发后方可铺筑沥青面层，此段时间应在24 h以上。

2. 洒布沥青

下承层清扫或透层沥青充分渗透后，即可按要求的速度浇洒沥青。若采用汽车洒布机洒布沥青，应根据单位面积的沥青用量选定洒布机排挡和油泵挡位；若采用手摇洒布机洒布沥青，应根据施工气温和风向调节喷头离地面的高度和移动的速度，以保证沥青洒布均匀，并应按洒布面积来控制单位沥青用量。沥青的浇洒温度根据施工气温及沥青标号选择，石油沥青的洒布温度为 130 ～ 170 ℃；煤沥青为 80 ～ 120 ℃；乳化沥青在常温下洒布，当气温偏低、破乳及成型过慢时，可将乳液加温后洒布，但乳液温度不得超过 60 ℃。

沥青洒布要均匀。当发现有空白、缺边时，应立即用人工补洒，有沥青积聚时应予刮除。沥青浇洒的长度应与集料撒布机能力相配合，应避免沥青浇洒后等待较长时间才撒铺集料。为保证前后两车喷洒的接茬搭接良好，可用铁板或建筑纸等横铺在本段起洒点前及终点后，长度为 1 ～ 1.5 m。如需分数幅浇洒时，纵向搭接宽度为 10 ～ 15 cm。在浇洒第二、第三层沥青时，搭接缝应错开。

3. 铺撒矿料

洒布沥青后应趁热迅速铺撒矿料，按规定用量一次撒足。撒料后应及时扫匀，达到全面覆盖一层、厚度一致、集料不重叠，也不露出沥青的要求。当局部有缺料时，应采用人工方法适当找补，局部集料过多时，应将多余集料扫出。若使用乳化沥青，集料撒布必须在乳液破乳之前完成。若沥青为分幅浇洒，在两幅的搭接处，第一幅浇洒沥青应暂留 10 ～ 15 cm 宽度不撒集料，待第二幅浇洒沥青后一起撒布集料。

4. 碾压

铺撒矿料后即用 60 ～ 80 kN 双轮压路机或轮胎压路机及时碾压。碾压应从一侧路缘压向路中心。碾压时，每次轮迹重叠约 30 cm，碾压 3 ～ 4 遍。压路机行驶速度开始为 2 km/h，以后可适当加快。

5. 双层式或三层式沥青表面处治施工

重复 2、3、4 步工艺。

6. 初期养护

当发现表面处治层有泛油时，应在泛油处补撒与最后一层集料规格相同的嵌缝料并扫匀，过多的浮动集料应扫出路面外，并不得搓动已经黏着就位的集料。如有其他破坏现象，也应及时进行修补。

除乳化沥青表面处治应待破乳水分蒸发并基本成型后方可通车外，沥青表面处治层在碾压结束后即可开放交通。在通车初期应设专人指挥交通或设置障碍物控制行车，使路面全部宽度均匀压实。在路面完全成型前应限制行车速度不超过 20 km/h，严禁畜力车及铁轮车行驶。

（二）沥青贯入式

沥青贯入式路面具有较高的强度和稳定性，其强度构成主要依靠矿料的嵌挤作用和沥青材料的黏结力，适用于二级及二级以下的公路，城市道路的次干道及支路。由于沥青贯入式路面是一种多孔隙结构，为了防止水的下渗，增强路面的水稳定性，路面的最上层应撒布封层料或加铺拌和层。乳化沥青贯入式路面铺筑在半刚性基层上时，应铺筑下封层。沥青贯入层作为联结层时，可不撒表面封层料。

沥青贯入式路面应选择在干燥和较热的季节施工，并在雨季前及日最高温度低于15℃到来之前半个月结束，使贯入式结构层通过开放交通碾压成型。沥青贯入层厚度一般为4~8 cm，但乳化沥青贯入式路面的厚度不应超过5 cm。

当贯入层上面加铺拌和的沥青混合料面层时，总厚度宜为6~10 cm，其中拌和层的厚度宜为2~4 cm。

沥青贯入式路面所用的集料应选择有棱角、嵌挤性好的坚硬石料，结合料可采用石油沥青、煤沥青或乳化沥青。材料的其他要求与沥青表面处治层基本相同。

沥青贯入式面层的施工工序如下：①整修和清扫基层。②浇洒透层或黏层沥青。③铺撒主层矿料。颗粒大小要均匀，并检查松铺厚度。严禁车辆在铺好的集料层上通行。④碾压。主层集料撒铺后应采用6~8 t的钢筒式压路机进行初压。碾压速度宜为2 km/h，碾压应自路边缘逐渐移向路中心，每次轮迹重叠约30 cm，接着应从另一侧以同样方法压至路中心，碾压一遍。检验路拱和纵向坡度，若不符合要求，应调整找平再压，至集料无显著推移为止。然后用10~12 t压路机进行碾压，每次轮迹重叠1/2左右，压4~6遍，直至主层集料嵌挤稳定，无显著轮迹为止。⑤浇洒第一层沥青。沥青的浇洒温度应根据沥青标号及气温情况选择。若采用乳化沥青，为防止乳液下漏过多，可在主层集料碾压稳定后，浇洒铺一部分上一层嵌缝料，再浇洒主层沥青。⑥铺撒第一次嵌缝料。主层沥青浇洒后，应立即均匀撒布第一层嵌缝料，并立即扫匀，不足处应找补。⑦碾压。嵌缝料扫匀后应立即用8~12 t钢筒式压路机进行碾压，轮迹重叠1/2左右，压4~6遍直至稳定。碾压时随压随扫，使嵌缝料均匀嵌入。⑧浇洒第二层沥青，撒布嵌缝料，然后碾压。⑨铺撒封层料。施工要求与撒布嵌缝料相同。重复该过程，采用6~8 t压路机碾压2~4遍，然后开放交通。⑩初期养护。沥青贯入式路面开放交通后的交通控制、初期养护等与沥青表面处治相同。沥青贯入式表面不撒布封层料而加铺沥青混合料拌和层时，应紧跟贯入层施工，使上下成为一个整体。贯入部分采用乳化沥青时应待其破乳、水分蒸发且成型稳定后方可铺筑拌和层。若拌和层与贯入部分不能连续施工，又要在短期内通行施工车辆时，贯入层部分的第二遍嵌缝料应增加用量 $2 \sim 3 \ m^3/1\ 000m^2$。在摊铺拌和层沥青混合料前，应清除贯入层表面的杂物、尘土以及浮动石料，再补充碾压一遍，并浇洒黏层沥青。乳化沥青碎石混合料适用于三级及三级以下公路的沥青面层、二级公路的养护罩面以及各级公路沥青路面的联结层或整平层。一般情况下，乳化沥青碎石混合料路面的沥青顶层采用双层式：下层采用粗粒式沥青碎石混合料，上层采用中粒式或细粒式沥青碎石混合料。单层式只适合在少雨干燥地区或半刚性基层上使用。在多而潮湿地区必须做上封层或下封层。

乳化沥青碎石混石料的矿料级配应满足规范要求，并根据已有道路的成功经验试拌确定配合比。其乳液用量应根据当地实践经验以及交通量、气候、石料情况、沥青标号、施工机械等条件确定，也可按热拌沥青碎石混合料的沥青用量折算。实际的沥青混合料较同规格热拌沥青混合料的沥青用量减少15%～20%，乳化沥青碎石混合料应采用拌和机拌和，在条件限制时也可在现场用人工拌制。适宜拌和时间根据施工现场使用的集料级配情况、乳液裂解速度、拌和机械性能、施工时的气候等具体条件通过试拌确定，机械拌和不宜超过 30 s（自矿料中加进乳液的时间算起），人工拌和不超过 60 s。

已拌好的混合料应立即运至现场进行摊铺。拌和与摊铺过程中已破乳的混合料，应予废弃。拌制的混合料应用沥青摊铺机摊铺。若采用人工摊铺，应防止混合料离析。摊铺系数可通过试验确定。

乳化沥青碎石混合料的碾压应符合下列要求。

混合料摊铺后，采用 6 t 左右的轻型压路机初压，碾压 1～2 遍，使混合料初步稳定，再用轮胎压路机或轻型钢筒式压路机碾压 1～2 遍。初压时应匀速进退，不得在碾压路段上紧急制动或快速启动。

当乳化沥青开始破乳，混合料由褐色转变成黑色时，用 12～15 t 轮胎压路机或 10～12 t 钢筒压路机复压 2～3 遍后，立即停止，晾晒一段时间待水分蒸发后，再补充复压至密实为止。压实过程中如有推移现象应立即停止碾压，待稳定后再碾压。如当天不能完全压实，应在较高气温状态下补充碾压。

压实成型后的路面应做好早期养护，并封闭交通 2～6 h。开放交通初期，应设专人指挥，车速不得超过 20 km/h，并不得制动或掉头。严禁畜力车和铁轮车通过。

乳化沥青碎石混合料施工的所有工序，包括路面成型及铺筑上封层等，均必须在冻前完成。上封层应在压实成型、路面水分蒸发后加铺。

（三）透层、黏层与封层

1. 透层

透层是为了使路面沥青层与非沥青材料层结合良好而在非沥青材料层上浇洒乳化沥青、煤沥青或液体石油沥青后形成的透入基层表面的薄沥青层。在级配碎砾石及半刚性基层上铺筑沥青混合料面层时必须浇洒透层沥青。透层沥青宜采用慢裂洒布型乳化沥青，也可使用中、慢裂液体石油沥青或煤沥青。表面致密、平整的半刚性基层上宜采用较稀的透层沥青，粒料类基层宜采用较稠的透层沥青。

透层沥青应紧接在幕层施工结束、表面稍干后浇洒。当基层完工后的时间较长时，应对表面进行清扫，若表面过于干燥时，应在基层表面适当洒水并待稍干后浇洒透层沥青。高速公路和一级公路的透层沥青宜采用沥青洒布车喷洒，其他等级公路可采用手工沥青洒布机喷洒。

浇洒透层沥青应符合以下要求：浇洒的透层沥青应渗入基层一定深度，但又不致流淌而在表面形成油膜；气温低于10℃及大风、降雨时不得浇洒透层沥青；浇洒后，禁止车辆、行人通过；未渗入基层的多余透层沥青应刮除，有遗漏的部位应补洒。

在半刚性基层上浇洒透层沥青后，立即以 $2 \sim 3 \ m^3/1\ 000 \ m^2$ 的用量将石油或粗砂撒布在基层上，然后用 $6 \sim 8 \ t$ 钢筒压路机稳压一遍。当需要通行车辆时，应控制车速。透层沥青洒布后应尽早铺筑沥青面层：用乳化沥青做透层时，应待其充分渗透、水分蒸发后方可铺筑沥青面层，此段时间不宜少于 $24 \ h$。

2. 黏层

黏层是为加强沥青层之间、沥青层与水泥混凝土面板之间的黏结而洒布的薄沥青层。将热拌沥青混合料铺筑在被污染的沥青层表面、旧沥青路面及水泥混凝土路面上时应浇洒黏层，与新铺沥青路面接触的路缘石、雨水井、检查井等设施的侧面应浇洒黏层沥青。黏层宜采用快裂洒布型乳化沥青，也可采用快、中凝液体石油沥青或煤沥青。黏层沥青宜采用洒布车喷洒并符合以下要求：洒布应均匀，浇洒过量时应予刮除；气温低于10℃或路面潮湿时不得浇洒，浇洒后严禁除沥青混合料运输车以外的其他车辆通行；黏层沥青浇洒后应紧接着铺筑沥青层，但乳化沥青应待其破乳、水分蒸发后再铺沥青层。路面附属结构侧面可用人工涂刷。

3. 封层

所谓封层即为封闭表面空隙、防止水分浸入面层或基层而铺筑的沥青混合料薄层。铺筑在面层表面的称为上封层，铺筑在面层下面的称为下封层。在下列情况下，应在沥青面层上铺筑上封层：沥青面层空隙较大、渗水严重，有裂缝或已修补的旧沥青路面、需要铺抗滑磨耗层或保护层的旧沥青路面。在下列情况下应在沥青面层下铺筑下封层：位于多雨地区且沥青面层空隙较大、渗水严重的路面，基层铺筑后不能及时铺沥青面层而又需开放交通的路面。

可采用拌和法或层铺法施工的单层式沥青表面处治层做封层，二级及二级以下公路的沥青路面可采用乳化沥青稀浆作封层。

乳化沥青稀浆封层是用适当级配的石屑或砂与填料（水泥、石灰、粉煤灰、石粉等）、乳化沥青、外加剂和水按一定比例拌和成流态的乳化沥青稀浆，然后用稀浆封层摊铺机均匀地摊铺在需设置封层的结构层上，厚度为 $3 \sim 6\,mm$。乳化沥青稀浆混合料用拌和机拌和，拌和时严格控制集料、填料、水、乳液配合比，加水量根据施工和易性要求由稠度试验确定，要求的稠度为 $2 \sim 3\,cm$。混合料的湿轮磨耗试验磨耗损失不大于 $800\,g/m^2$，轮荷压砂试验的砂吸收量不大于 $600\,g/m^2$。

二、厂拌法施工沥青路面

热拌沥青混合料路面通常采用厂拌法施工，施工过程可分为沥青混合料的拌制、运输铺筑及碾压成型等几个阶段。

（一）搅拌站建设与搅拌设备

热拌沥青混合料在生产过程中会产生粉尘、废气、废油等污染，搅拌站设置必须符合国家有关环境保护、消防、安全等规定。搅拌站与工地现场的距离应充分考虑道路条件，确保不会因运输而导致混合料冷却至规定温度以下，避免混合料因颠簸而产生离析。搅拌站应有功能完善的防排水设施，各种原材料应分仓堆放，细集料、矿粉等应有防雨顶棚，站内道路应做硬化处理，防止泥土污染集料。

热拌沥青混合料可采用间歇式拌和机或连续式拌和机拌制。前者是在每盘拌和时计量混合料各种材料的重量，而后者则在计量各种材料之后连续不断地送进拌和器中拌和。为保证沥青混合料的质量稳定、沥青用量准确，高速公路和一级公路的沥青混凝土宜采用间歇式拌和机拌和。当工程材料从多处供料、来源或质量不稳定时，不得采用连续式拌和机。各类拌和机均应有防止矿粉飞扬散失的密封性能及除尘设备，并有检测拌和温度的装置。搅拌系统的各种传感器必须进行定期检查，确保各种材料计量准确。

高速公路和一级公路用的间歇式搅拌系统必须配备计算机设备，拌和过程中能逐盘采集并打印各传感器测定的材料用量和沥青混合料拌和量、拌和温度等各种参数。每个台班结束时打印出一个台班的统计量并用于施工质量检查。

（二）混合料的拌制

在拌制沥青混合料之前，根据确定的配合比进行试拌。试拌时对所用的各种矿料及沥青应严格计量。通过试拌和抽样检验确定每盘热拌的配合比及其总重量（对间歇式拌和机），或各种矿料进料口开启的大小及沥青和矿料进料的速度（对连续式拌和机）、适宜的沥青用量、拌和时间、矿料和沥青加热温度以及沥青混合料出厂的温度。对试拌沥青混合料进行试验之后，即可选定施工的配合比。

为保证沥青混合料的质量，需要控制拌制温度、运输温度、摊铺温度及碾压温度。尤其应严格控制沥青加热温度，沥青加热温度过低，会导致混合料拌和不均匀；沥青加热温度过高，可能会导致沥青老化。集料烘干后的残余含水率不超过1%。沥青混合料拌和的时间根据具体情况经试拌确定，以沥青均匀裹覆集料为度、间歇式搅拌系统的每盘生产周期不宜少于 45 s（其中干拌时间不少于 5~10 s）。改性沥青和玛琋脂碎石混合料（SMA）的拌和时间应适当延长。经拌和后的沥青混合料应均匀一致，无花白料、无结团成块或严重的粗细料分离现象，不符合要求时不得使用，并记录其相关参数。

生产添加纤维的沥青混合料时，必须将纤维充分分散到混合料中，搅拌均匀。拌和机应具有同步添加投料设备，松散的絮状纤维可在喷入沥青的同时或稍后采用风送设备喷入拌和机,搅拌时间延长 5 s 以上。颗粒纤维在粗集料投入的同时自动加入，经 5~10 s 的干拌后，再投入矿粉。

（三）混合料运输

热拌沥青混合料应采用较大吨位的自卸汽车运输，车厢应清扫干净。为防止沥青与车厢板黏结，车厢侧板和底板可涂一薄层油水混合液（柴油与水的比例可达 1:3），但不得有余液积聚在车厢底部。

沥青混合料运输车的运量应较拌和能力或摊铺能力有所富余，施工过程中摊铺机前方应有运料车在等候卸料。对高速公路和一级公路，开始摊铺时在施工现场等候卸料的运料车不宜少于 5 辆。

从储料斗向运输车辆卸料时，应多次挪动车辆位置，平衡装料，以减少混合料离析。运输车应有保温、防雨、防污染措施。车辆在施工现场不得超载运输，或急制动、急转弯，使透层、封层受到损伤。车轮不能带入泥土等外物污染摊铺现场。

向摊铺机卸料时，运料车在摊铺机前方 100 ~ 300 mm 处停住，空挡等候，由摊铺机推动缓缓前进并开始卸料，避免撞击摊铺机。有条件时可将混合料卸入转运车经二次拌和后再向摊铺机连续均匀地供料。每次卸料务必倒净，尤其是改性沥青混合料和 SMA 混合料，防止余料结块。应检查每车来料的温度是否达到要求，是否遭雨淋或结团成块。

（四）混合料摊铺

1. 下承层准备和放样

沥青混合料面层铺筑前，应对其下的基层或旧路面的厚度、密实度、平整度、路拱等进行检查。基层或旧路面若有坎坷不平、松散、坑槽等，必须在混合料铺筑之前整修完毕，并清扫干净。为使铺筑层与下承层黏结良好，在铺筑前 4 ~ 8 h，在粒料类的下承层上洒布透层沥青；若下承层为旧沥青路面或水泥混凝土路面，则要在旧路面上洒布一层黏层沥青；若下承层为灰土类基层，为防止水渗入基层，加强基层与面层的黏结，要在面层铺筑前铺下封层。在做好下承层准备的同时，进行必要的施工测量，作为混合料摊铺控制高程、厚度、平整度的依据。

2. 摊铺

热拌沥青混合料应采用沥青混合料摊铺机摊铺。对高速公路和一级公路路面，一台摊铺机的铺筑宽度不宜超过 7.5 m，避免造成混合料离析。应采用两台或更多台的摊铺机布置成梯队形式同步摊铺，相邻摊铺机之间间距控制在 10 ~ 20 m、摊铺范围搭接 30 ~ 60 mm，并避开车道轮迹带，上下层的搭接位置错开 200 mm 以上。

摊铺机开工前应提前 0.5 ~ 1 h 预热熨平板，至不低于 100 ℃。摊铺过程中合理选择熨平板的振捣或夯锤压实装置，使其具有适宜的振动频率和振幅，以提高路面的初始压实度。摊铺机必须缓慢、均匀、连续不间断地作业，不得随意变换速度或中途停顿；摊铺机的螺旋布料器应根据摊铺速度保持均匀、稳定旋转，两侧混合料不低于布料器高度的 2/3，以减少混合料离析，提高路面平整度。摊铺速度控制在 2 ~ 6 m/min 范围内,对改性沥青混合料或 SMA 混合料则应放慢至 1 ~ 3 m/min。当发现混合料出现明显的离析、波浪、裂缝、拖痕时,应查明原因并消除。

用机械摊铺的混合料,不宜用人工反复修正。局部机械无法摊铺的部位不可避免用人工找补时,应仔细进行,严防混合料降温过多和离析。

应采用自动找平方式控制摊铺高程,下面层或基层采用钢丝引导的高程控制方式,上面采用平衡梁或雪橇式厚度控制方式,中面层根据情况选用其中一种。沥青混合料的松铺系数应根据试铺试压确定。

(五)混合料压实与成型

混合料压实是获得高质量、高路用性能沥青路面的关键工序之一,必须重视混合料压实工作。压实成型的沥青混合料应满足规定压实度和平整度要求。

沥青混凝土的压实厚度不宜超过 100 mm;沥青稳定碎石混合料最大压实厚度不宜超过 120 mm。应配备数量足够的碾压设备,选择合理的压路机组合方式及初压、复压、终压的碾压步骤,以达到最佳压实效果。高速公路铺筑双车道路面的压路机数量不宜少于 5 台。施工温度低、风大、碾压层薄时,压路机数量应适当增加。

压路机应以慢而均匀的速度碾压,不应突然改变压路机行走路线和碾压方向,碾压区的长度应保持大体一致,两端的折返位置随摊铺机前进而不断向前推进,且横向不得在相同的断面上。

1. 初压

混合料摊铺后紧接着进行初压,并保持较短的初压长度,在热量损失较小的情况下尽快使混合料被压实。若摊铺机摊铺后混合料初始压实度较大,经实践证明采用振动压路机或轮胎压路机直接碾压不会出现严重推移现象时,可免去初压,直接进行复压。初压的目的主要是使混合料初步稳定,采用钢轮压路机静压 1 ~ 2 遍,在此过程中,压路机驱动轮面向摊铺机,从外侧向中心碾压,在超高路段则由低向高碾压,在坡道上应将驱动轮从低处向高处碾压。初压后应检查平整度、路拱,有严重缺陷时进行修整乃至返工。

2. 复压

复压紧跟在初压后进行,且不得随意停顿。碾压长度尽量缩短,保持 60 ~ 80 m。采用不同型号压路机组合时,应安排每台压路机均全幅碾压,防止不同部位的压实度不均匀。密级配沥青混合料优先采用总吨位不低于 25 t 的重型轮胎压路机进行搓揉碾压,以增加路面密水效果,每个轮胎的压力不小于 15 kN,冷态的轮胎元气压力不小于 0.55 MPa，轮胎发热后不小于 0.6 MPa，且各个轮胎的元气压力相同，相邻碾压带重叠 1/3 ~ 1/2 的碾压轮宽度。混合料粗集料较多、最大粒径较大时，优先选用振动压路机，振动压路机的振动频率宜为 35 ~ 50 Hz，振幅宜为 0.3 ~ 0.8 mm。碾压幅度较大时采用高频率大振幅，以获得较大的激振力；厚度较小时采用高频率低振幅，避免集料破碎；厚度小于 30 mm 的薄沥青层不宜用振动压路机碾压。压路机折返时应先停止振动，相邻碾压带重叠 100 ~ 200 mm。三轮钢筒压路机总吨位不小于 12 t，相邻碾压带重叠 1/2 后轮宽，且不小于 200 mm。大型压路机无法碾压的部位采用小型振动压路机或振动夯板压实。

3. 终压

终压采用双轮钢筒压路机或关闭振动的振动压路机进行，主要是为了消除碾压轮迹。终压紧跟在复压后进行。

4. SMA、OGFC 混合料的碾压

SMA 混合料不宜采用轮胎压路机碾压，以防止沥青结合料搓揉挤压上浮。通常采用振动压路机按"紧跟、慢压、高频、低幅"的原则进行碾压。嵌挤型热拌沥青混合料（OGFC）采用 12 t 的钢筒压路机碾压，碾压过程中保持碾压轮清洁，有混合料黏轮时应立即清除。当采用向碾压轮喷水避免黏轮时，必须控制喷水量且成雾状，不得漫流，防止混合料因降温过快造成离析。

（六）接缝处理与开放交通

沥青路面的各种施工缝，由于压实不足易对道路产生损害，施工时必须十分注意，保证紧密、平顺。

纵缝应采用热接缝。施工时应将已铺混合料部分留下 10 ~ 20 cm 宽暂不碾压，作为后摊铺部分的高程基准面，最后做跨缝碾压以消除缝迹。半幅施工不能采用热接缝时，应加设挡板或采用切刀切齐。摊铺另半幅前必须将缝边缘清扫干净，并浇洒少量黏层沥青。

相邻两幅及上下层的横向接缝应错位 1 m 以上。对高速公路和一级公路，中下层的横向接缝可采用斜接缝，在上面层采用垂直的平接缝。其他等级公路的各层均可采用斜接缝。铺筑接缝时，可在已压实部分上面铺设一些热混合料使之预热软化，以加强新旧混合料的黏结。但在开始碾压前应将预热用的混合料铲除。

热拌沥青混合料路面应待摊铺层完全自然冷却，混合料表面温度低于 50 ℃后，方能开放交通。需提早开放交通时，可洒水冷却降低混合料温度。

第四章　公路工程项目管理

第一节　公路工程施工质量管理

一、对设计质量的管理

尽管设计质量主要由设计单位负责，但是施工单位可以从以下几个方面对设计质量进行控制：①积极参与设计方案的讨论、审定和图纸会审。特别是对于某些有特殊施工工艺要求的工程，参与设计方案的讨论是很重要的。这样做，不仅是考虑施工方便，而且可将通过回访得到的用户意见和要求反馈给设计部门。②主动向设计单位提供有关企业的技术装备、施工技术水平和工程质量保证情况等资料，使其设计时尽量考虑施工单位的实际水平。③做好施工过程中的技术核定，及时修改不符合现场实际的设计差错或原设计方案。

二、施工准备阶段的质量管理

施工准备阶段的工作质量，对公路产品最终的质量也有很大的影响。

（一）施工方案和施工组织设计的质量保证

为了保证施工方案和施工组织设计的质量，制作施工方案和施工组织设计时要注意以下几点：①要讲究科学的编制程序和方法。②编制时要进行技术经济分析和比较，做到设计优化。

（二）检查施工准备工作的质量

按有关准备工作的计划作如下检查：①全场性的施工准备工作。②单位工程的施工准备工作。③作业条件的准备工作。

此外，还应检查临时性的生产设施是否达到技术标准；施工用机械设备是否经过检测、试验和鉴定等。

（三）做好技术交底

使施工人员熟悉工程情况、设计意图、要求、质量标准和施工方法，做到人人心中有数。

三、材料、半成品的质量管理

对材料、半成品的质量管理包括：①严格按质量标准订货、采购、包装和运输。②物资进场要按技术验收标准进行检查和验收。③按规定的条件和要求，进行堆存、保管和加工。④按进度计划及时地配套供应现场。

对采购的材料、半成品，如果到货时才进行验收，一旦发现不合格，就会影响按时供应。因此，对比较重要的材料和半成品，要把质量管理延伸到供应或生产单位。可采用的办法有：①了解材料供应或生产单位在管理上是否能保证质量。②对供应和生产单位定期访问和调查。③派出常驻检查员，执行材料的供应监督，按合同规定在技术上、管理上给予帮助等。

四、施工机械、设备的质量管理

施工机械设备的质量也是主要因素。①要做到在用的机械设备无隐患、技术性能良好。②对于精密仪器和仪表等应保持正常的灵敏度和精确度。

五、施工过程的质量管理

（一）施工过程质量管理的主要内容

1. 加强施工工艺管理

工艺，就是直接加工和改造劳动对象的技术和方法。工艺控制好了，可以从根本上减少废品和次品，提高质量的稳定性。加强工艺管理，主要是及时督促检查已制定的施工工艺文件是否得到认真执行，是否严格遵守操作规程等。

2. 施工过程中的工序控制

好的产品或工程质量是通过一道道工序逐渐形成的。要从根本上防止不合格品的产生，就必须对每道工序进行控制，以便及时发现缺陷并迅速予以排除，在缺陷未排除前不准进入下一道工序的施工。

3. 试验检查、测量检查和验收检查

试验检查的中心任务是对原材料、混合料的试验和检查，对工艺过程的试验、检验，对结构物强度、路基、路面压实度和平整度的试验检查等。

测量检验的基本任务是保证公路几何要素和结构物的几何尺寸完全符合合同、图纸和规范精度的要求。

验收检查是针对公路施工的单个工程或者构件，或者公路结构物的某一独立部分，或者某一部分的检查，如隐蔽工程、墙身、墩、台、梁等。验收检查的实施一般应由项目监理工程师负责，承包人必须履行中间交验手续，在自检合格的基础上填报中间交验申请书。

（二）质量控制的依据

1.设计图纸和有关规范

严格按照设计图纸和技术规范中写明的试验项目、材料性能、施工要求和允许偏差等有关规定进行施工，没有监理工程师的同意，不得引用任何其他标准。

2.合同条款

图纸和技术规范是对工程的具体要求，而合同条款则要求承包人执行规范、按图纸施工的法律保证，二者结合起来才能保证工程质量达到规定水平。

（三）质量控制的分项划分

结合公路的专业性质，将公路工程项目划分成若干工程分项或专业，按照质量控制的基本程序和内容，依据合同条款、图纸和规范的规定，对质量进行分项控制。这样做有利于专业对口、分工明确、责任清楚、便于管理。一般可按下列分项进行划分。

道路专业：①路基土石方。②路面。③路基防护及排水。④交通工程。

桥隧专业：①大中桥梁。②隧道工程。③小桥涵。④立交桥。

试验：①土工。②钢筋及水泥混凝土。③沥青混合料。

测量：①平面及高程。②几何尺寸。③其他。

材料：①外购。②当地加工。

（四）质量分项控制程序的制定

各工程分项和专业的控制程序各不相同。现以路面质量控制程序的制定过程为例列举如下。

路面是用各种材料，如砂石、碎石、矿渣、工业废渣、水泥混凝土、沥青混合料等经过制备、运输、摊铺和压实建筑而成的。因此路面施工的质量在很大程度上取决于路面材料的制备、摊铺、压实工艺。抓住路面材料的制备、摊铺、压实这三个主要环节的质量控制，路面质量就会得到保证。

沥青混凝土路面面层的施工，其质量控制可以总结为以下几个程序。

1. 沥青混合料配合比设计

由承包人按规定的级配范围并参考沥青用量，在试验室制定符合规范规定的各种沥青含量配合比设计，并将各组沥青含量配合比设计所做的试验结果报监理工程师审批，监理工程师在审查满意后应以正式文件批准试拌。

2. 拌和厂试拌

承包人应按监理工程师批准的沥青混合料配合比设计进行工厂试拌，试拌时应严格控制拌和温度和拌和时间。根据沥青混合料试拌情况可推荐一组最佳沥青用量和最佳沥青拌和时间的混合料。监理工程师在选取时应反复检查，并按承包人标示的各沥青用量和拌和时间，认真选择其中最佳一组，并以正式文件批准试拌试铺。

3. 沥青混合料的试铺

承包人应根据监理工程批准的最佳沥青用量的混合料进行试铺，试铺时应严格控制摊铺和碾压温度。如果一切符合要求，监理工程师应要求承包人提交一份沥青混合料的试铺报告，经监理工程师以正式文件批准后方可进行大面积的铺筑。

4. 正式铺筑沥青混凝土面层

要求承包人按上述批准的沥青混合料以及批准的试铺报告所总结的一套程序进行拌和和摊铺压实，正式摊铺碾压时应不间断地要求承包人对摊铺温度和碾压温度进行测试和记录，待路面摊铺、压实并经各项指标测试一切符合标准后，由承包人填写中间交验申请书，报监理工程师批准。

5. 计量

在承包人和监理工程师都在场的情况下进行实际量测，由承包人填写计量申请，监理工程师审查认可后签字。

第二节　公路工程施工现场管理

一、公路工程施工现场安全管理

（一）公路工程项目安全生产责任制

1.项目经理部安全生产职责

项目经理部是安全生产工作的载体，具体组织和实施项目安全生产、文明施工、环境保护的工作，对本项目工程的安全生产负全面责任。贯彻落实各项安全生产的法律、法规、规章、制度，组织实施各项安全管理工作，完成各项考核指标。建立并完善项目部安全生产责任制和安全考核评价体系，积极开展各项安全活动，监督、控制分包队伍执行安全规定，履行安全职责。发生伤亡事故及时上报，并保护好事故现场，积极抢救伤员，认真配合事故调查组开展伤亡事故的调查和分析，按照"四不放过"原则，落实整改防范措施，对责任人员进行处理。

2.项目部各级人员安全生产责任

（1）工程项目经理

工程项目经理是项目工程安全生产的第一责任人，对项目工程经营生产全过程中的安全负全面领导责任。工程项目经理必须经过专门的安全培训考核，取得安全生产管理人员资格证书方可上岗。贯彻落实各项安全生产规章制度，结合工程项目特点及施工性质，制定有针对性的安全生产管理办法和实施细则，并执行落实。在组织项目施工，聘用业务人员时，要根据工程特点、施工人数、施工专业等情况，按规定配备一定数量和素质的专职安全员，确定安全管理体系；明确各级人员和分承包方的安全责任和考核指标，并制定考核办法。健全和完善用工管理手续，录用外协施工队伍必须及时向人事劳务部门、安全部门申报，必须事先审核注册、持证等情况，对工人进行三级安全教育后，方准入场上岗。负责施工组织设计、施工方案、安全技术措施的组织落实工作，组织并督促工程项目安全技术交底制度、设施设备验收制度的实施。

领导组织施工现场每旬一次的定期安全生产检查，发现施工中的不安全问题，组织制定整改措施及时解决；对上级提出的安全生产与管理方面的问题，要在限期内定时、定人、定措施予以解决；接到政府部门安全监察指令书和重大安全隐患通知单，应立即停止施工，组织力量进行整改。隐患消除后，必须报请上级部门验收合格，才能恢复施工。

在工程项目施工中，采用新设备、新技术、新工艺、新材料，必须编制科学的施工方案、配备安全可靠的劳动保护装置和劳动防护用品，否则不准施工。

发生因工伤亡事故时，必须做好事故现场保护与伤员的抢救工作，按规定及时上报，不得隐瞒、虚报和故意拖延不报。积极组织配合事故的调查，认真制定并落实防范措施，吸取事故教训，防止发生重复事故。

（2）工程项目生产副经理

对工程项目的安全生产负直接领导责任，协助工程项目经理认真贯彻执行国家安全生产方针、政策、法规，落实各项安全生产规范、标准和工程项目的各项安全生产管理制度。组织实施工程项目总体和施工各阶段安全生产工作规划以及各项安全技术措施、方案的组织实施工作，组织落实工程项目各级人员的安全生产责任制。组织领导工程项目安全生产的宣传教育工作，并制定工程项目安全培训实施办法，确定安全生产考核指标，制定实施措施和方案，并负责组织实施，负责外协施工队伍各类人员的安全教育、培训和考核审查的组织领导工作。配合工程项目经理组织定期进行安全生产检查，负责工程项目各种形式的安全生产检查的组织、督促工作和安全生产隐患整改"三落实"的实施工作，及时解决施工中的安全生产问题。负责工程项目安全生产管理机构的领导工作，认真听取、采纳安全生产的合理化建议，支持安全生产管理人员的业务工作，保证工程项目安全生产保证体系的正常运转。工地发生伤亡事故时，负责事故现场保护、职工教育、防范措施落实，并协助做好事故调查分析的具体组织工作。

（3）项目安全总监

在现场经理的直接领导下履行项目安全生产工作的监督管理职责。宣传贯彻安全生产方针政策、规章制度，推动项目安全组织保证体系的运行。督促实施施工组织设计、安全技术措施；实现安全管理目标，对项目各项安全生产管理制度的贯彻与落实情况进行检查与具体指导。组织分承包商安全专兼职人员开展安全监督与检查工作。查处违章指挥、违章操作、违反劳动纪律的行为和人员，对重大事故隐患采取有效的控制措施，必要时可采取局部直至全部停产的非常措施。督促开展周一安全活动和项目安全讲评活动。负责办理与发放各级管理人员的安全资格证书和操作人员安全上岗证。参与事故的调查与处理。

（4）工程项目技术负责人

对工程项目生产经营中的安全生产负技术责任。贯彻落实国家安全生产方针、政策，严格执行安全技术规程、规范、标准；结合工程特点，进行项目整体安全技术交底。参加或组织编制施工组织设计，在编制、审查施工方案时，必须制定、审查安全技术措施，保证其可行性和针对性，并认真监督实施情况，发现问题及时解决。主持制定技术措施计划和季节性施工方案的同时，必须制定相应的安全技术措施并监督执行，及时解决执行中出现的问题。应用新材料、新技术、新工艺，要及时上报，经批准后方可实施，必须组织对上岗人员进行安全技术的培训、教育，认真执行相应的安全技术措施与安全操作工艺要求，预防施工中因化学药品引起的火灾、中毒或在新工艺实施中可能造成的事故。主持安全防护设施和设备的验收。严格控制不符合标准要求的防护设备、设施投入使用，使用中的设施、设备，要组织定期检查，发现问题及时处理。参加安全生产定期检查，对施工中存在的事故隐患和不安全因索，从技术上提出整改意见和消除办法。参加或配合工伤及重大未遂事故的调查，从技术上分析事故发生的原因，提出防范措施和整改意见。

（二）公路工程施工现场安全技术措施

1. 施工测量

密林草丛间进行施工测量时，应遵守护林防火规定，严禁烟火，并需预防有害动植物伤人。测量钉桩要注意周围行人的安全，不得对面使锤；钢钎和其他工具，不得随意抛掷。测量人员在高压线附近工作时，必须保持足够的安全距离；遇雷雨时不得在高压线、大树下停留。在陡坡及危险地段测量时应系安全带，脚穿软底轻便鞋。在桥墩上测量时应有上下桥墩及防止人体坠落的安全措施。在公路、街道、交通繁忙的道路上测量时，必须有专人警戒，防止交通事故。水文测量人员应穿救生衣；在陡峻的河岸进行观测时，应有简易便道和防护措施；在通航河流上，测量船应有信号设备；在江中抛锚时应按港航监督部门的规定设置信号并有专人负责瞭望；夜间进行水文测量时，必须备有足够的照明设备。冰上测量时应向当地有关部门了解冰封情况，确认无危险后，方可作业。遇有封冰不稳定的河段及春季冰融期间，不得在冰上进行测量。

2. 施工机械

操作人员在工作中不得擅离岗位，不得操作与操作证不符合的机械，不得将机械设备交给无本机种操作证的人员操作。操作人员必须按照本机说明书规定，严格执行工作前的检查制度和工作中注意观察制度及工作后的检查保养制度。

工作前应检查：工作场地周围有无妨碍工作的障碍物。油、水、电及其他保证机械设备正常运转的条件是否完备。安全、操作系统是否灵活可靠。指示仪表、指示灯显示是否正常可靠。油温、水温是否达到正常使用温度。

工作中应观察：指示灯和仪表、工作和操作机构有无异常。工作场地有无异常变化。

工作后应进行检查保养：工作系统有无过热，松动或其他故障。参照例行保养规定进行例行保养。做好下一班的准备工作。填写好机械操作履历表。

驾驶室或操作室内应保持整洁，严禁存放易燃、易爆物品，严禁酒后操作机械，严禁机械带故障运转或超负荷运转。机械设备在施工现场停放时，应选择安全的停放地点，关闭好驾驶室（操作室），要拉上驻车制动闸。坡道上停车时，要用三角木或石块抵住车轮。夜间机械设备应有专人看管。用手柄启动的机械应防止手柄倒转伤人，向机械内加油时附近应严禁烟火。柴、汽油机的正常工作温度应保持在 60～90 ℃，温度在 40 ℃以下时不得带负荷工作。对用水冷却的机械，当气温低于 0 ℃时，工作后应及时放水，或采取其他防冻措施，以防冻裂机体。放置电动机的地点必须保持干燥，周围不得堆放杂物和易燃品。启动高压电开关及高压电机时，应戴绝缘手套，穿绝缘胶鞋。

3. 土方施工

（1）人工挖掘土方必须遵守的规定

开挖土方的操作人员之间，必须保持足够的安全距离；横向间距不小于 2 m，纵向间距不小于 3 m。土方开挖必须自上而下顺序放坡进行，严禁采用挖空底脚的操作方法。

（2）高陡边坡处施工必须遵守的规定

边坡开挖中如遇地下水涌出，应先排水，后开挖。开挖工作应与装运作业面相互错开，严禁上、下双重作业。弃土下方或有滚石危及范围内的道路，应设警示标志，作业时坡下严禁通行。坡面上的操作人员对松动的土、石块必须及时清除，严禁在危石下方作业、休息和存放机具。

（3）滑坡地段施工必须遵守的规定

滑坡地段的开挖，应从滑坡体两侧向中部自上而下进行，严禁全面拉槽开挖，弃土不得堆在主滑区内。开挖挡墙基槽也应从滑坡体两侧向中部分段跳槽进行，并加强支撑，及时砌筑和回填墙背，施工中应设专人观察，严防塌方。

（4）在落石与岩堆地段施工

在落石与岩堆地段施工，应先清理危石和设置拦截设施后再行开挖。其开挖面坡度应按设计进行，坡面上松动石块应边挖边清除。

（5）岩溶地区施工

岩溶地区施工，应认真处理岩溶水的涌出，以免导致突发性的坍陷。泥沼地段施工，应有必要的防范措施，避免人、机下陷。挖出的废土应堆置在合适的地方，以防汛期造成人为的泥石流。

4. 石方爆破作业

爆破工程的施工方案必须报请当地公安机关批准后，方能组织实施。爆破工程的作业人员必须经公安机关或公安机关指定的部门培训，考试合格后，持有县级以上公安机关核发的有效操作证件，才能参加施工。

爆破点距村庄太近时，必须采取防震措施：一是分散爆破点，每隔50 m设一个爆破点，依此循环进行；二是减少装药量；三是采用表层震动爆破法，减轻震动波。

爆破点上空有高压走廊横穿路基时，必须采取防护措施；在采取防护措施的同时，在爆破点上部用草袋子、胶管帘和安全网三层覆盖，并用钢钎将网绳固定在石缝中，保证爆破碎石飞掷高度不超过1 m，以保证高压走廊的安全运行。

每一次爆破作业结束后，必须对现场进行认真的清理，防止瞎炮和爆炸物的丢失。

5. 基层施工

消解石灰，不得在浸水的同时边投料、边翻拌，人员应远避，以防烫伤。

装卸、洒铺及翻动粉状材料时，操作人员应站在上风侧，轻拌轻翻减少粉尘。散装粉状材料宜使用粉料运输车运输，否则车厢上应采用篷布遮盖。装卸尽量避免在大风天气下进行。

碎石机作业：①进料要均匀，不得过大，严防金属块等混入。出料口上方应有挡板。②不得从上方向碎石机口内窥视。③若石料卡住进口，应用铁钩翻动，严禁用手搬动。

稳定土拌合机作业：①应根据不同的拌合材料，选用合适的拌合齿。②拌合作业时，应先将转子提起离开地面空转，然后再慢慢下降至拌合深度。③在拌合过程中，不能急转弯或原地转向，严禁使用倒挡进行拌合作业。遇到底层有障碍物时，应及时提起转子，进行检查处理。④拌合机在行走和作业过程中，必须采用低速并保持匀速。液压油的温度不得超过规定。⑤停车时应拉上制动，将转子置于地面。

场拌稳定土机械作业：①皮带运输机应尽量降低供料高度，以减轻物料冲击。在停机前必须将料卸尽。②拌合机仓壁振动器在作业中铁芯和衔铁不得碰撞，如发生碰撞应立即调整振动体的振幅和工作间隙。仓内不出料时，严禁使用振动器。③拌合结束后给料斗、贮料仓中不得有存料。④搅拌壁及叶桨的紧固状况应经常检查，如有松动应立即拧紧。

6. 沥青路面施工

沥青操作的人员均应进行体检。凡患有结膜炎、皮肤病及对沥青过敏反应者，不宜从事沥青作业。从事沥青作业人员，皮肤外露部分均须涂抹防护药膏，工地上应配有医务人员。直接接触到沥青的作业人员，应按要求配载个人防护用品（如工作服、过滤式呼吸器、防护眼镜、围裙、隔垫鞋等），工作结束后，应对全身进行沐浴冲洗。人工熬制、喷洒沥青时，应站在上风口作业，防止喷溅到皮肤上；用烙铁修补路面的人员，防止烙铁烫伤以及火源与沥青接触引起火灾。

（三）公路工程施工安全隐患和事故处理

安全事故隐患是指可能导致安全事故的缺陷和问题，包括安全设施、过程和行为等诸方面的缺陷问题。因此，对检查和检验中发现的事故隐患，应采取必要的措施及时处理和化解，以确保不合格设施不使用、不合格过程不通过、不安全行为不放过，并通过事故隐患的适当处理，防止安全事故的发生。

1. 安全隐患的分类

按危害程度：分为一般隐患（危险性较低，事故影响或损失较小的隐患）、重大隐患（危险性较大，事故影响或损失较大的隐患）、特别重大隐患（危险性大，事故影响或损失大的隐患，如发生事故可能造成死亡10人以上或直接经济损失500万元以上的）。

按危害类型：分为火灾隐患、爆炸隐患、危房隐患、坍塌和倒塌隐患、滑坡隐患、交通隐患、泄漏隐患、中毒隐患。

按表现形式：分为人的隐患（认识隐患、行为隐患）、机的状态隐患、环境隐患、管理隐患。

2. 安全隐患的控制要求

对各类事故隐患应确定相应的处理部门和人员，规定其职责和权限，要求一般问题当天解决，重大问题限期解决。

处理方式：①对性质严重的隐患应停止使用，并封存。②指定专人进行整改，以达到规定的要求。③进行返工，以达到规定的要求。④对有不安全行为的人员先停止其作业或指挥，纠正违章行为，然后进行批评教育，情节严重的给予必要处罚。⑤对不安全生产的过程重新组织等。

隐患处理后的复查验证：①对存在隐患的安全设施、安全防护用品的整改措施落实情况，必要时由安全部门组织有关专业人员对其进行复查验证，并做好记录。只有当险情排除，采取了可靠措施后方可恢复使用或施工。②上级或政府行业主管部门提出的事故隐患通知，由项目部及时报告企业主管部门，同时制定措施、实施整改，自查合格报企业主管部门复查后，再报有关上级或政府行业主管部门消项。

事故隐患的控制要按规定表式和内容填写并保存有关记录。

3. 公路施工现场中常见的安全事故

调查资料统计表明，公路工程施工现场中常见的安全事故以下几种：①物体打击，如坠落物体、滚石、锤击、碰伤等。②高空坠落，如从高架上坠落，或落入深坑、深井等。③机械设备事故引起的伤害，如绞伤、碰伤、割伤等。④车祸，如压伤、撞伤、挤伤等。⑤坍塌，如临时设施、脚手架垮塌、岩石边坡塌方等。⑥爆破及爆炸事故引起的伤害，如炸药、雷管、锅炉和其他高压容器爆炸引起的伤害等。⑦起重吊装事故引起的伤害等。⑧触电（包括雷击）事故。⑨中毒、窒息。如煤气、油烟、沥青及其他化学气体引起的中毒和窒息。⑩烫伤、灼伤等。⑪火灾、冻伤、中暑等。

4. 安全事故原因分析

公路工程施工发生安全事故不是偶然的，究其原因主要有以下几种：①纪律松散，管理混乱，有章不循或无章可循。②现场缺乏必要的安全检查。③从领导到群众思想麻痹。④机械设备年久失修，开关失灵，仪表不准，超负荷运转或带病作业。⑤缺乏安全技术措施。⑥工人操作技术不熟练，安全意识差，违章作业。⑦领导违章指挥。

5.安全事故的预防措施

为了切实达到预防事故和减少事故损失，应采取以下安全事故预防措施。

（1）改进生产工艺，实现机械化、自动化

随着科学技术的发展，施工企业不断改进生产工艺，加快了实现机械化、自动化的过程，促进了生产的发展，提高了职业健康安全技术水平，大大减轻了工人的劳动强度，保证了职工的安全。因此，在编制施工组织设计时，应尽量优先考虑采用新工艺、机械化、自动化的生产手段，为安全生产、预防事故创造条件。

（2）设置安全装置

防护装置：是用屏保方法与手段把人体与生产活动中出现的危险部位隔离开来的设施和设备。

保险装置：是指机械设备在非正常操作和运行中能够自动控制和消除危险的设施设备，也可以说它是保障设施设备和人身安全的装置，如锅炉，压力容器的安全阀，供电设施的触电保安器，各种提升设备的断绳保险器等。

信号装置：是利用人的视、听觉反应原理制造的装置。它是应用信号指示或警示工人该做什么，该躲避什么。

危险警示标志：是警示工人进入施工现场应注意或必须做到的统一措施。通常它以简短的文字或明确的图形符号予以显示，如禁止烟火、危险、有电等。国家发布的安全标志对保护职业健康安全生产起到了促进作用，必须按标准予以实施。

（3）预防性的机械强度试验和电气绝缘检验

预防性的机械强度试验：施工现场的机械设备，特别是自行设计组装的临时设施和各种材料、构件、部件均应进行机械强度试验。必须在满足设计和使用功能时方可投入正常使用。有些还须定期或不定期地进行试验，如施工用的钢丝绳、钢材、钢筋、机件及自行设计的吊篮架、外挂架子等，在使用前必须进行承载试验，这种试验，是确保施工安全的有效措施。

电气绝缘检验：电气设备的绝缘是否可靠，不仅是电气工作人员的安全问题，也关系到整个施工现场财产的损失和人员的安全。由于施工现场多工种联合作业，使用电器设备的工种不断增多，更应重视电气绝缘问题。因此，要保证良好的作业环境，使机电设施、设备正常运转，不断更新老化及被损坏的电气设备和线路是必须采取的预防措施。为及时发现隐患，消除危险源，则要求在施工前、施工中、施工后均应对电气绝缘进行检验。

机械设备的维修保养和有计划的检修：随着施工机械化的发展，各种先进的大、中、小型机械设备进入工地，但由于公路工程施工要经常变化施工地点和条件，机械设备不得不经常拆卸、安装。就机械设备本身而言，各零部件也会产生自然和人为的磨损，如果不及时发现和处理，就会导致事故发生，轻者影响生产，重者将会机毁人亡，给企业乃至社会造成无法弥补的损失。要保持设备的良好状态，提高其使用期限和效率，有效预防事故就必须进行经常性的维修保养。

二、公路工程施工现场环境管理

（一）公路工程施工现场环境管理基本规定

项目经理部应在施工前了解经过施工现场的地下管线，标出位置，并加以保护。施工时如发现文物、古迹、爆炸物、电缆等，应当停止施工，保护现场，及时向有关部门报告，并按照规定处理。

施工中需要停水、停电、封路而影响环境时，应经有关部门批准，事先告示。在行人、车辆通过的地方施工，应当设置沟、井、坎、洞覆盖物和标志。

项目经理部应对施工现场的环境因素进行分析，对于可能产生的污水、废气、噪声、固体废弃物等污染源采取措施，进行控制。

建筑垃圾和渣土应堆放在指定地点，定期进行清理。装载建筑材料、垃圾或渣土的运输机械，应采取防止尘土飞扬、洒落或流溢的有效措施。施工现场应根据需要设置机动车辆冲洗设施，冲洗污水应进行处理。

除符合规定的装置外，不得在施工现场熔化沥青和焚烧油毡、油漆，也不得焚烧其他可产生有毒有害烟尘和恶臭气味的废弃物。项目经理部应按规定有效处理有毒有害物质。禁止将有毒有害废弃物现场回填。

施工现场的场容管理应符合施工平面图设计的安排和物料器具定位管理标准的要求。

项目经理部应依据施工条件，按照施工总平面图、施工方案和施工进度计划的要求，认真进行所负责区域的施工平面图的规划、设计、布置、使用和管理。

现场的主要机械设备、脚手架、密封式安全网与围挡、模具、施工临时道路、各种管线、施工材料制品堆场及仓库、土方及建筑垃圾堆放区、变配电间、消火栓、警卫室、现场的办公、生产和生活临时设施等的布置，均应符合施工平面图的要求。

现场人口处的醒目位置，应公示下列内容：①工程概况。②职业健康安全纪律。③防火须知。④职业健康安全生产与文明施工规定。⑤施工平面图。⑥项目经理部组织机构图及主要管理人员名单。

施工现场周边应按当地有关要求设置围挡和相关的职业健康安全预防设施。危险品仓库附近应有明显标志及围挡设施。

施工现场应设置畅通的排水沟渠系统，保持场地道路的干燥坚实。施工现场的泥浆和污水未经处理不得直接排放。地面宜进行硬化处理。有条件时，可对施工现场进行绿化布置。

（二）公路工程施工现场环境保护

1. 施工现场环境保护规定

公路工程项目施工现场环境保护应执行下列规定：①项目经理部应当遵守国家有关环境保护的法律规定，采取措施控制施工现场的各种粉尘、废气、废水、固体废弃物以及噪声、振动对环境的污染和危害。②妥善处理泥浆水，未经处理不得直接排入河流。③除设有符合规定的装置外，不得在施工现场熔融沥青或者焚烧油毡、油漆以及其他会产生有毒有害烟尘和恶臭气体的物质。④使用密封式的圈筒或者采取其他措施处理高空废弃物。⑤采用有效措施控制施工过程中的扬尘。⑥禁止将有毒有害废弃物用作土方回填。⑦对产生噪声、振动的施工机械，应采取有效控制措施，减轻噪声扰民。⑧工程施工由于受技术、经济各种限制，对环境的污染不能控制在规定范围内的，项目经理部应会同业主事先报请当地建设行政主管部门和环境保护行政主管部门批准。

2. 施工现场环境保护措施

（1）生态环保措施

对开挖土方、回填土方过大的路段，施工应避开雨期，并在雨期来临之前，将开挖、回填、弃方的边坡处理完毕。对于施工取土，要做到边开采、边平整、边绿化。同时要做到计划取土，及时还耕。对于在公路两侧取土，要做好规划，要有利于保护耕地。南方地区可与修建养鱼、养虾池有计划地结合起来，并与路基保持一定的距离，杜绝随意取土。对于雨水较多的地区，在公路施工中，会出现边坡的崩塌、滑坡现象，因此凡是大面积护坡处需增设截水沟，有组织的排除雨水。施工过程中，对可能产生雨水地面经流处开挖路基时，应设置临时性的土沉淀池，以拦截泥砂，必要时在沉淀池的出水侧设置土工布围栏，待路建成后，将土沉淀池推平，以绿化或还耕。对路堤边坡应及时植草绿化，在修筑较高挡土墙的同时，每隔一定距离栽植易发芽的灌木。对施工临时的占地，应将原有土地表层耕作的熟土堆在一旁，待施工完毕将这些熟土再推平，恢复原土地表层。

（2）大气污染防治措施

公路施工的堆料场、灰土墙拌合站等应设于空旷的地方，相距200 m范围内不应有集中居民区、学校等。在采用沥青路面的路段，设置沥青混凝土搅拌站的位置应选择适当，即要方便，又要符合卫生要求，卫生防护距离分级中规定保护距离为300 m。同时沥青混凝土搅拌站应设在离开居民区、学校等环境敏感点以外的下风向处，此外不宜采用开敞式、半封闭式沥青熬化作业工艺。施工材料运输时公路及便道应采取定时洒水降尘措施，对一些粉状材料，运输时应加以遮盖。

（3）水污染防治措施

一些施工材料，如沥青、油料、化学品等不宜堆放在水井及河流湖泊附近，防止雨水冲刷而进入水体。施工人员的生活污水、生活垃圾、粪便等应集中处理，不能直接排入水体；施工管理区生活污水等无法接入市政排水管网时，要建化粪池进行处理。桥梁施工中施工机械、船只要严格检查，防止油料泄露。严禁将废油、施工垃圾等随意抛入水体。

（4）噪声防治措施

当施工路段或工地距居民距离小于150 m时，为保证居民夜间休息，在规定时间内停止施工。对于施工处附近的学校和单位，施工项目部应和他们商议，调整施工时间或采取其他措施，尽量减小施工噪声对教学和工作的干扰。施工项目部要注意保养机械，使机械维持最低声级水平，安排工人轮流操作机械，减少工人接触高噪声的时间，对在声源附近工作时间较长的工人，可采取发放防声耳塞、头盔等保护措施，使工人进行自身保护。采取吸声、隔声、隔振和阻尼等声学处理的方法来降低噪声。

三、公路工程施工现场文明施工

文明施工是指保持施工场地整洁、卫生，施工组织科学，施工程序合理的一种施工活动。实现文明施工，不仅要着重做好现场的场容管理工作，还要相应做好现场材料、机械、安全、技术、保卫、消防和生活卫生等方面的管理工作。一个工地的文明施工水平是该工地乃至所在企业各项管理工作水平的综合体现。

（一）公路工程现场文明施工基本要求

1. 对现场场容管理方面的要求

工地主要入口要设置简朴规整的大门，门旁必须设立明显的标牌，标明工程名称、施工单位和工程负责人姓名等内容。建立文明施工责任制，划分区域，明确管理负责人，实行挂牌制，做到现场清洁整齐。施工现场场地平整，道路坚实畅通，有排水措施；基础、地下管道施工完后要及时回填平整，清除积土。现场施工临时水电要有专人管理，不得有长流水、长明灯。施工现场的临时设施，包括生产、办公、生活用房、仓库、料场、临时上下水管道以及照明、动力线路，要严格按施工组织设计确定的施工平面图布置、搭设或埋设整齐。工人操作地点和周围必须清洁整齐，做到活完脚下清，工完场地清；丢洒在楼梯、楼板上的砂浆混凝土要及时清除，落地灰要回收过筛后使用。砂浆、混凝土在搅拌、运输、使用过程中，要做到不撒、不漏、不剩，使用地点盛放砂浆、混凝土必须有容器或垫板，如有撒、漏要及时清理。要有严格的成品保护措施，严禁损坏污染成品，堵塞管道。高层建筑要设置临时便桶，严禁在建筑物内大小便。建筑物内清除的垃圾渣土，要通过临时搭设的竖井或利用电梯井或采取其他措施稳妥下卸，严禁从门窗口向外抛掷。施工现场不准乱堆垃圾及余物，应在适当地点设置临时堆放点，并定期外运；清运渣土垃圾及流体物品，要采取遮盖防漏措施，运送途中不得遗撒。根据工程性质和所在地区的不同情况，采取必要的围护和遮挡措施，并保持外观整洁。针对施工现场情况设置宣传标语和黑板报，并适时更换内容，切实起到表扬先进、促进后进的作用。施工现场严禁居住家属，严禁居民、家属、小孩在施工现场穿行、玩耍。

2. 对现场机械管理方面的要求

现场使用的机械设备，要按平面布置规划固定点存放，遵守机械安全规程，经常保持机身及周围环境的清洁，机械的标记、编号明显，安全装置可靠。清洗机械排出的污水要有排放措施，不得随地流淌。在用的搅拌机、砂浆机旁必须设有沉淀池，不得将浆水直接排放下水道及河流等处。塔吊轨道按规定铺设整齐稳固，塔边要封闭，道渣不外泄，路基内外排水畅通。

3. 施工现场安全色、安全标志管理

（1）安全色

安全色是表达信息含义的颜色，用来表示禁止、警告、指令、指示等，其作用在于使人们能迅速发现或分辨安全标志，提醒人们注意，预防事故发生。

红色：表示禁止、停止、消防和危险。

蓝色；表示指令，必须遵守。

黄色：表示警告。

绿色：表示安全。

（2）安全标志

安全标志是指在操作人员容易产生错误，可能造成事故场所所采取的一种标示。此标示由安全色、几何图形符合构成，是用以表达特定安全信息的特殊标志。设置安全标志的目的，是为了引起人们对不安全因素的注意，预防事故发生。

禁止标志：是不准或制止人们的某种行为（颜色为黑色，禁止符号与文字底色为红色）。

警告标志：是使人们注意可能发生的危险（颜色警告符号及字体为黑色，图形底色为黄色）。

指令标志：是告诉人们必须遵守的意思（颜色为白色，指令标志底色均为蓝色）。

提示标志：是向人们提示目标的方向，用于消防提示（消防揭示标志的底色为红色，文字、图形为白色）。

（二）公路工程项目文明施工工作内容

公路工程项目文明施工工作应包括下列内容：①进行现场文化建设。②规范场容，保持作业环境整洁卫生。③创造有序生产的条件。④减少对居民和环境的不利影响。

项目经理部应对现场人员进行培训教育，提高其文明意识和素质，树立良好的形象，并按照文明施工标准，定期进行评定、考核和总结。

（三）公路工程项目文明施工组织与管理

公路工程文明施工的组织与管理具体如下。

组织和制度管理：①施工现场应成立以项目经理为第一责任人的文明施工管

理组织。分包单位应服从总包单位文明施工管理组织的统一管理，并接受监督检查。②各项施工现场管理制度应有文明施工的规定。包括个人岗位责任制、经济责任制、安全检查制度、持证上岗制度、奖惩制度、竞赛制度和各项专业管理制度等。③加强和落实现场文明检查、考核及奖惩管理，以促进施工文明管理工作的提高。检查范围和内容应全面周到，包括生产区、生活区、场容场貌、环境文明及制度落实等内容。检查发现的问题应采取整改措施。

收集文明施工的资料及其保存的措施：①上级关于文明施工的标准、规定、法律法规等资料。②施工组织设计（方案）中对文明施工的管理规定，各阶段施工现场文明施工的措施。③文明施工自检资料。④文明施工教育、培训、考核计划的资料。⑤文明施工活动各项记录资料。

加强文明施工的宣传和教育：①在坚持岗位练兵的基础上，要采取派出去、请进来、短期培训、上技术课、登黑板报、看录像、听广播、看电视等方法狠抓教育工作。②要特别注意对临时工的岗前教育。③专业管理人员应熟悉掌握文明施工的规定。

第三节　公路工程施工进度管理

一、施工进度管理概述

（一）施工进度管理的前提及原则

施工进度管理的目的是通过管理实现工程的进度目标。施工进度管理不仅关系到施工进度目标能否实现，还直接关系到工程的质量和成本。在工程施工实践中，必须坚持一个前提，即在确保工程质量的前提下，控制工程的进度。同时，在施工进度管理中应树立一个原则，即动态管理原则，因为施工进度管理也是编制进度计划，执行、验证并调整计划的一个循环提高的动态过程。

（二）施工进度管理的主要内容

工程施工是在动态条件下实施的,因此进度管理也就是一个动态的管理过程。其包括：①进度目标的分析和论证，其目的是论证进度目标是否合理，进度目标是否可能实现。如果经过科学的论证，目标不可能实现，则必须调整目标。②在收集资料和调查研究的基础上编制进度计划。③进度计划的跟踪检查与调整，其包括定期跟踪检查所编制进度计划的执行情况，若其执行有偏差，则采取纠偏措施，并势必要调整进度计划。

（三）施工进度管理的步骤

具体步骤如下：①工程进度目标的逐层分解。工程进度目标的逐层分解是从项目实施开始前和在项目实施过程中，逐步由宏观到微观，由粗到细编制深度不同的进度计划的过程。对于大型公路工程项目，应通过编制工程总进度规划、工程总进度计划、项目各子系统和各子项目工程进度计划等进行工程进度目标的逐层分解。②在项目实施过程中对工程进度目标进行动态跟踪。跟踪包括两个方面，一是按照进度控制的要求，收集工程进度实际值；二是定期对工程进度的计划值和实际值进行比较。进度的计划值和实际值的比较应是定量的数据比较，比较的成果是进度跟踪和控制报告，如编制进度控制的旬、月、季、半年和年度报告等。③将工程进度计划值与实际值进行比较，如发现进度出现偏差，则必须采取相应的纠偏措施进行纠偏，如分析因管理不到位而影响进度的问题，并采取相应的措施，调整进度管理的方法和手段，改变施工管理和强化合同管理，及时解决工程款支付和落实加快工程进度所需的资金，改进施工方法和改变施工机具等。④若发现原定的工程进度目标不合理，或原定的工程进度目标无法实现等，则应及时调整工程进度目标。

二、公路工程施工进度计划

（一）公路工程施工进度计划的系统组成

公路工程施工进度计划系统是由多个相互关联的进度计划组成的系统，常见的公路工程施工进度计划系统如下：①由多个相互关联的不同计划深度的进度计划组成的计划系统，包括总进度规划（计划）、项目子系统进度规划（计划）、项目子系统中的单项工程进度计划等。②由多个相互关联的不同计划功能的进度计划组成的计划系统，包括控制性进度规划（计划）、指导性进度规划（计划）、实施性（操作性）进度计划等。③由多个相互关联的不同项目参与方的进度计划组成的计划系统，包括业主方编制的整个项目实施的进度计划、设计进度计划、施工和设备安装进度计划、采购和供货进度计划等。④由多个相互关联的不同计划周期的进度计划组成的计划系统，包括年度、季度、月度和旬计划等。

（二）公路工程施工进度计划的审查

1. 工期和时间安排的合理性

工期和时间安排的合理性：①施工总工期的安排应符合合同工期。②各施工阶段就单位工程（包括分部工程、分项工程）的施工顺序和时间安排应与材料和设备的进场计划相协调。③易受冰冻、低温、炎热、雨季等气候影响的工程应安排在适宜的时间，并采取有效的预防和保护措施。④对动员、清场、假日及天气影响的时间，应充分考虑并留有余地。

2. 施工准备的可靠性

施工准备的可靠性：①所需主要材料和设备的运送日期已有保证。②主要骨干人员及施工队伍的进场日期已经落实。③施工测量、材料检查及标准试验的工作已经安排。④驻地建设、进场道路及供电、供水等已经解决或已有可靠的解决方案。

3. 计划目标与施工能力的适应性

计划目标与施工能力的适应性：①各阶段或单位工程计划完成的工程量及投资额应与设备和人力实际状况相适应。②各项施工方案和施工方法应与施工经验和技术水平相适应。③关键线路上的施工力量安排应与非关键线路上的施工力量安排相适应。

（三）公路工程施工进度计划的检查方法

1. 横道图比较法

横道图比较法是指将在项目实施中检查实际进度收集的信息，经整理后直接用横道线并列标于原计划的横道线处，进行直观比较的方法。

2. S 形曲线比较法

S 形曲线比较法与横道图比较法不同，它不是在编制的横道图进度计划上对实际进度与计划进度进行比较，而是以横坐标表示进度时间，纵坐标表示累计完成任务量，而绘制出一条按计划时间累计完成任务量的 S 形曲线，将施工项目的各检查时间实际完成的任务量与 S 形曲线进行实际进度与计划进度相比较的一种方法。

3."香蕉"曲线比较法

"香蕉"曲线是由两条以同一开始时间、同一结束时间的 S 形曲线组合而成的。其中，一条 S 形曲线是工作按最早开始时间安排进度所绘制的 S 形曲线，简称 ES 曲线；而另一条 S 形曲线是工作按最迟开始时间安排进度所绘制的 S 形曲线，简称 LS 曲线。除了项目的开始和结束点外，ES 曲线在 LS 曲线的上方，同一时刻两条曲线所对应完成的工作量是不同的。在项目实施过程中，理想状况是任何时刻的实际进度都在这两条曲线所包区域内的曲线 R 上。

（四）公路工程施工进度计划的调整方法

1.调整关键线路的方法

具体方法如下：①当关键线路的实际进度比计划进度拖后时，应在尚未完成的关键工作中，选择资源强度小或费用低的工作缩短其持续时间，并重新计算未完成部分的时间参数，将其作为一个新计划实施。②当关键线路的实际进度比计划进度提前时，若不拟提前工期，应选用资源占用量大或者直接费用高的后续关键工作，适当延长其持续时间，以降低其资源强度或费用；当确定要提前完成计划时，应将计划尚未完成的部分作为一个新计划，重新确定关键工作的持续时间，按新计划实施。

2.非关键工作时差的调整方法

非关键工作时差的调整应在其时差的范围内进行，以便更充分地利用资源、降低成本或满足施工的需要。每一次调整后都必须重新计算时间参数，观察该调整对计划全局的影响。可采用以下几种调整方法：①将工作在其最早开始时间与最迟完成时间范围内移动。②延长工作的持续时间。③缩短工作的持续时间。

3.增、减工作项目时的调整方法

增、减工作项目时应符合下列规定：①不打乱原网络计划总的逻辑关系，只对局部逻辑关系进行调整。②在增、减工作后应重新计算时间参数，分析对原网络计划的影响；当对工期有影响时，应采取调整措施，以保证计划工期不变。

4.调整逻辑关系

只有当实际情况要求改变施工方法或组织方法时才可进行逻辑关系的调整。调整时应避免影响原计划工期目标的实现和其他工作的顺利进行。

5.调整工作的持续时间

当发现某些工作的原持续时间估计有误或实现条件不充分时，应重新估算其持续时间，并重新计算时间参数，尽量使原计划工期不受影响。

6. 调整资源的投入

当资源供应发生异常时，应采用资源优化方法对计划进行调整，或采取应急措施，使其对工期的影响最小。

三、公路工程施工进度控制

（一）公路工程施工进度控制的组织措施

具体如下：①组织是目标能否实现的决定性因素，为实现项目施工的进度目标，应充分重视健全项目施工进度管理的组织体系。在项目组织结构中，应有专门的工作部门和符合进度控制岗位资格的专人负责施工进度控制工作。②施工进度控制的主要工作环节包括施工进度目标的分析和论证、编制施工进度计划、定期跟踪施工进度计划的执行情况、采取纠偏措施以及调整施工进度计划。这些工作任务和相应的管理职能应在项目施工进度管理组织设计的任务分工表和管理职能分工表中标示并落实。③应明确项目施工进度控制的工作流程，如定义项目施工进度计划系统的组成、各类施工进度计划的编制程序、审批程序和计划调整程序等。④施工进度控制工作包含了大量的组织和协调工作，而会议是组织和协调的重要手段，应进行有关施工进度控制会议的组织设计。

（二）公路工程施工进度控制的组织方式

1. 顺序作业法

采用顺序作业法时施工现场的组织、管理、资源供应比较简单，但因为其没有充分利用工作面进行施工，工期较长；施工中不强调分工协作，多是间歇作业，不利于劳动生产率的提高，对劳动力和材料的使用可能不均衡。

2. 平行作业法

平行作业法充分利用工作面进行施工，工期较短；但劳动力、材料和机具投入大、协调工作复杂。平行作业法的实质是用增加资源的方法来达到缩短工期的目的，一般适用于需要突击性施工时施工作业的组织工作。

3. 流水作业法

流水作业法的特点必须按工艺专业化原则成立专业作业队（班组)，实现专业化生产，有利于提高劳动生产率，保证工程质量；专业化作业队能够连续作业，相邻作业队的施工时间能最大限度地搭接；尽可能利用工作面进行施工，工期比较短；每天投入的资源量较为均衡，有利于资源供应的组织工作。

（三）公路工程施工进度控制的经济措施

具体措施如下：①应编制与进度计划相适应的资源需求计划（资源进度计划），包括资金需求计划和其他资源（人力和物力资源）需求计划，以反映工程实施的各时段所需要的资源。通过对资源需求的分析，可发现所编制的进度计划实现的可能性，若资源条件不具备，则应调整进度计划。②应编制资金供应计划，包括可能的资金总供应量、资金来源（自有资金和外来资金）以及资金供应的时间。③在工程预算中，应考虑加快公路工程施工进度所需要的资金，其中包括为实现施工进度目标将要采取的经济激励措施所需要的费用。

（四）公路工程施工进度控制的技术措施

在决策施工方案时，不仅应分析施工技术的先进性和经济合理性，还应考虑其对施工进度的影响。在公路工程施工进度受阻时，应分析是否存在施工技术的影响因素，以及为实现施工进度目标有无改变施工技术、施工方法和施工机械的可能性。

第四节　公路工程施工成本管理

一、公路工程施工项目成本管理概述

（一）公路工程施工项目成本的概念、构成及形式

1. 施工项目成本的概念

施工项目成本是指在公路工程项目的施工过程中，发生的全部生产费用的总和，包括所耗费的生产资料转移价值的货币形式（如消耗原材料、建筑构配件、辅助材料、周转材料的摊销费或租赁费，所使用施工机械的台班费或租赁费等）和劳动者的必要劳动所创造价值的货币形式（如给生产工人支付的工资、奖金、工资性质的津贴、福利，以及进行项目施工组织与管理产生的全部费用支出等）。施工项目成本由直接成本和间接成本所组成。施工项目成本不包括不在施工项目价

值范围内的非生产性支出以及劳动者为社会所创造的价值。施工项目成本也称工程成本，其成本核算对象一般为项目的单位工程。

2. 施工项目成本的构成

施工项目成本按生产费用计入产品成本的方法分为两种形式，包括直接成本和间接成本。其中直接成本是指能直接计入工程对象的费用，包括人工费、材料费、机械使用费和其他直接费。间接成本是指进行公路工程施工必须发生的但无法直接计入工程对象的费用，是施工单位在进行施工准备、组织及管理过程中所发生的各项支出，包括管理人员的人工费、劳动保护费、职工福利费、办公费、差旅费等。间接成本的计算方法通常是按照直接成本的比例来计算的。

3. 施工项目成本的形式

按照项目的进展和成本发生的时间及成本管理需要，施工项目成本可以分为承包成本、计划成本和实际成本三类。

承包成本也称预测成本，它是根据施工图，国家规定的相关定额、工程量的计算规则以及各地区的有关规定（如市场价格、劳务价格、价差系数等），按相关取费费率进行计算得到的。承包成本是反映企业竞争水平的成本，其不仅是确定工程造价的基础，还是编制计划成本、评价实际成本的主要依据。

计划成本是指在实际成本发生前，根据有关资料预先计算的成本。计划成本反映了企业在计划期内应达到的成本水平，其对建立和健全施工项目成本管理责任制，提高项目经理部的经济核算，降低、控制施工项目成本及施工产生的费用，起着非常重要的作用。

实际成本是在报告期内施工项目实际产生各项费用的总和。计划成本的测算和实际成本的管理受企业经营管理者的能力、职工的素质和技术水平及项目本身的施工条件的影响。

（二）公路工程施工项目的成本管理流程

1. 成本预测

成本预测就是根据此项目具体情况及现有成本信息，科学有效地预测未来成本及其发展趋势，其实质是在项目开工前对成本进行估算。项目经理部在满足施工单位与业主要求的前提下，通过事先分析，对成本进行预测，并选择低成本、效益好的最优方案，特别在薄弱环节上要加强成本控制，以求提高预见性，减少决策的失误，如对投标时的利润预测、对人工费用及材料费用的预测以及对方案变化时的成本预测等，只有进行准确的预测，才能更好地保证工程成本最低，减少不必要的损失。

2. 成本计划

成本计划是由项目经理部编制并实施的计划方案。一个施工项目成本计划应该包括从项目开工到项目竣工能够发生的所有施工成本，如项目在计划期内的成本水平、生产费用、为降低成本所采取的方案等，它是开展成本控制和核算的基础，是降低该项目成本的指导文件，是建立项目成本管理责任制的保障，更是设立目标成本的依据。

3. 成本控制

成本控制可以分为事前控制、事中控制和事后控制三类。成本控制是指在施工过程中，采用各种有效措施，严格控制施工中实际发生的人工、机械、材料的各项支出与消耗，降低工程成本，达到预期的项目成本目标所采取的一系列活动。为减少成本损失，项目成本控制应强调事先控制和主动控制，因此要求项目经理部必须明确各级管理人员及员工的权限与责任，对影响项目进展的各种因素加强管理，对施工过程中的各项开支进行监督管理，及时预防，随时提出意见和建议，发现问题纠正偏差，从而把计划成本控制在预定计划之内，达到企业经营效益的目标。例如，针对工程材料费，施工企业应通过材料总量、材料分阶段用量和材料的购置计划进行事前控制，避免材料费用的浪费。

成本控制是施工企业进行成本管理的重要环节，应贯穿于从项目开工到项目竣工验收的整个施工过程。

4. 成本分析

成本分析是基于项目成本进行的一种比较与总结的工作，其作用于整个项目成本管理阶段。成本分析是一种利用项目成本核算及成本计划、成本预测等相关资料，分析了解成本水平与构成的变动情况，系统分析成本变动原因及经济指标对成本的影响，寻找降低成本途径的分析方法。

成本分析可以采用因素分析法、比较法、比率法、差额计算法等计算方法。影响施工项目成本变动的因素主要由内部因素和外部因素两方面构成，其中内部因素属于企业自身经营管理的因素，外部因素主要是来自市场经济的因素。在进行成本分析时，应把分析重点放在直接影响施工项目成本的内因上，例如，设计图是否变更过多，投资和计划阶段是否有足够的专业投资人员参与控制等，都是要着重进行考虑分析的因素。

5. 成本核算

成本核算是对施工项目的各项费用支出及管理费用的发生进行的核算。成本核算的正确与否，直接影响企业的成本预测、计划、分析、考核和改进等控制工作，同时也对企业的成本决策和经营决策的正确与否产生重大影响。因此，成本核算对目标成本的实现起着至关重要的作用。

6. 成本考核

成本考核是指项目完工后，对与施工项目成本有关的各管理者和工作人员，以企业的成本计划为标准，把成本的实际完成的具体指标情况同计划完成情况的各项指标对比，考核成本的完成情况，并根据各责任者的业绩给予一定的奖惩措施。企业通过成本考核对责任者做到奖罚分明，不仅能够提高员工的主动性、积极性，鼓励员工努力完成成本目标，而且能够为增加企业利润降低工程成本做出贡献。

二、公路工程施工项目成本控制

（一）公路工程施工项目成本控制

公路工程施工项目成本控制的三个阶段：成本控制分为事先控制、事中控制和事后控制三个阶段。

1. 事先控制

事先控制，又称前馈控制，是成本控制的第一阶段。事先控制就是在成本发生前，对影响成本的经济活动进行事前的规划、审核和监督。事先控制要求认真做好承包合同分析，在施工图预算和施工预算对比的基础上，进行各项成本拆分，确定目标成本计划。

2. 事中控制

事中控制即过程控制，主要由项目部完成，是进行动态成本控制的关键，主要是指在施工过程中项目部按施工组织设计，合理配置生产要素，对其所耗数量、单价和费用进行严格控制。项目部严格按照成本计划分解的情况进行资源的配置，严格按照生产计划施工，并认真抓好宏观成本监督、检查、控制工作，最终实现闭合管理。项目部要把承包合同内人工、机械、材料费用逐项落实到班组或个人。

3. 事后控制

事后控制主要就是准确进行年度交竣工项目的结算工作，进行年度交竣工项目的成本构成分析，与成本计划进行对比，找出不足，为今后更好地开展成本管理工作创造条件。

（二）公路工程施工项目成本控制中的重要事项

管理费控制的重点：管理人员工资（人数）、小车费用、通信费和招待费。

项目部在发生工程变更项目时，应及时将情况上报并将发生的成本单独统计。

项目完工（包括续建项目）实行"封账"制。上级部门成立"封账"小组，根据项目的完成情况，"封账"小组到项目部监督、复核项目成本构成的真实性与合理性，并由财务部门下令"封账"，"封账"后，项目部向上级报账。"封账"后发生的成本与费用，未经上级相关部门审核同意，一律不允许进账。

抽调专人到施工现场进行人工单价、机械台班和材料价格的调查，同时调查相邻标段，系统内具有可比性的项目部的相关情况，定期进行公示。

（三）公路工程施工项目边缘成本控制

边缘成本是指在项目部管理运作过程中，非固定成本或可变成本的因素给现场员工的情绪造成直接或间接的影响而产生的负面效应，导致有形或无形的影响施工正常进行的边缘成本。

1. 发现问题成本

项目管理涉及的问题各个方面，各种矛盾最为集中，任何一个细小的问题如果没有及时发现或有效处理，都会阻碍或影响施工生产的正常运行，所以要及时发现问题，超前介入，把矛盾消灭在萌芽状态，防止事态复杂化和扩大化。

2. 员工心理成本

施工企业具有艰苦、流动、分散、分居的特点，在这种环境下生活的员工，心理、生理压力和对企业服务状态的要求，明显地高于其他行业企业的员工。在这种情况下，施工企业应改善员工生活水平，提高服务成本，减轻员工的心理成本，把员工的工作积极性、主动性和创造性调动好、发挥好、保护好。

3. 三方互动成本

在项目管理中，要正确处理好施工方、业主、监理方三方的关系。施工方要积极主动地与业主和监理方加强沟通，做到事前早预防，减少因为互动不够而延误及时防范和处理问题的良好时机，导致处理问题的成本过高或问题的扩大化和复杂化带来的不应有的经济、文化和社会风险。

4. 气象环境成本

气象环境对野外施工有较大的影响。施工企业要加强与当地气象服务部门的联系，充分利用他们提供的气象信息资源，合理地组织安排施工生产或适时调整施工方案，降低因为天气变化对施工生产造成的影响，防范由此引发的灾害和经济风险。

第五章　桥梁工程施工

第一节　桥梁工程基础施工

一、桥梁工程概述

任何结构物都建造在一定的地层之上，结构物的全部荷载最终都是由地层来承担的，人们将地层中直接感受到结构物荷载的那一部分称为地基，将地基与结构物接触的那一部分称为基础。

桥梁分为下部结构和上部结构，上部结构是指桥跨部分，下部结构则包含桥墩、桥台和基础。

桥梁基础工程的设计和施工涵盖了桥梁的基础与地基两个方面。

地基和基础受上部荷载和周围其他荷载作用后将产生附加变形和应力。为了保证结构物的使用安全，地基和基础必须具备一定的强度和稳定性，变形也应在允许范围内。

基础工程是桥梁结构的重要组成部分，对于桥梁结构的安全、稳定和正常使用都起着举足轻重的作用，往往在整个桥梁的工程造价中占有很大的比例。

（一）地基分类

地基可分为天然地基与人工地基。

1. 天然地基

天然地基指可直接放置桥梁基础的天然土层。

2. 人工地基

若天然土层强度不够，则在桥梁荷载作用下容易发生较大的变形；或者天然土层有其他不良工程地质问题，需要通过人工处理或加固之后才能修筑桥梁基础，这种地基称为人工地基。

（二）基础分类

根据埋置深度，基础可分为浅基础和深基础。浅基础可分为刚性基础和柔性基础，深基础可分为桩基础、沉井基础、地下连续墙基础和组合基础等。

（三）基础工程的重要性

基础工程的重要性表现在以下三个方面：①基础工程属于隐蔽工程，如有缺陷难以发现，也难以弥补和修复。这些缺陷往往直接影响着整个桥梁工程的正常使用，甚至安全。②桥梁基础绝大部分为深基础，甚至是深水基础，施工难度大，经常控制了整个桥梁工程的施工进度。③在复杂地质（包括深水）条件下，桥梁基础的施工成本非常高，经常在整个桥梁工程的造价中占据很高的比例。

二、浅基础

浅基础可直接将桥梁结构的荷载传递给地基，并且构造简单、受力明确，施工方便。在场地土质提供的承载能力允许和施工可行的条件下，浅基础是桥梁结构基础上应用较为广泛的基础形式。

浅基础施工的主要特点如下：①埋置深度较浅（通常为数米以内），施工比较简单。②浅基础一般采用明挖法进行施工，又称为明挖基础或明挖扩大基础。明挖基础最重要的特点是不需要桩基，只要地基承载力能够达到设计要求就可以进行基础的施工。

按照建筑材料和受力特点，浅基础可分为刚性基础和柔性基础两大类。

刚性基础：刚性基础通常采用砖、石、灰土、混凝土等抗压强度大而抗弯、抗剪强度小的材料建造，因此适于建造在刚度较大、变形较小的地基之上。刚性基础承受荷载后均匀沉降，不能扩散应力，因此基底反力的分布与作用于基础上荷载的分布几乎完全一致。

柔性基础：柔性基础通常采用抗拉、抗压、抗弯、抗剪性能均较好的钢筋混凝土材料建造，适用于地基承载力较差、上部荷载较大、基础埋深较大的情况。柔性基础抗弯刚度较小，可随地基的变形而变形。通常，柔性基础采用钢筋混凝土建造，在混凝土基础底部配置受力钢筋，利用钢筋耐拉的性质使得基础可以承受弯矩作用，因此柔性基础不受刚性角的限制。

（一）浅基础的构造形式

1. 刚性扩大基础

由于地基强度一般较墩台强度低，因此需要将基础平面尺寸扩大，以适应地基强度的要求。同时，相对于地基而言，基础类似于一个强大的刚体，常被称为刚性扩大基础。

作为刚性基础，其每边的最大尺寸应受其自身材料刚性角的限制。当基础较厚时，可以利用刚性角将基础做成阶梯状，这样既可减少基础的圬工量，又可发挥基础的承载作用。

刚性角是材料的一种性质。由于刚性角的存在，因此在设计基础时应当根据刚性角的限定范围将基础按照阶梯形状逐步放大，以便让放大的尺寸尽可能与刚性角保持一致。基础的高度与底边宽度不得随意设定，在充分考虑材料刚性角的前提下进行基础的施工，既可以较好地扩散基底应力、又可以节省基础建造材料。

2. 单独基础和联合基础

单独基础是立柱式桥墩中常用的基础形式之一，其纵、横剖面均可砌筑成台阶式。但当两个立柱式桥墩相距较近，每个单独基础为了适应地基强度的要求而必须扩大基础平面尺寸时，有可能导致相邻的单独基础在平面上相接甚至重叠，此时可将基础扩大部分连在一起，形成联合基础。

3. 条形基础

条形基础可分为墙下条形基础和柱下条形基础两种。墙下条形基础是挡土墙下或涵洞下基础的常用形式。其横剖面可以是矩形，也可以将一侧筑成台阶形。如果条形基础很长，为了避免沿长度方向因沉降不均匀而导致基础开裂，可将基础适当分段并设置沉降缝。有时为了增强立柱下基础的承载力，可将同一排若干立柱的基础联系起来，使之成为柱下条形基础。这种基础可以设计成刚性基础，也可以设计成柔性基础。

（二）基础埋置深度的确定

确定基础的埋置深度是浅基础设计中很重要的步骤，这关系着桥梁结构的稳定及正常使用等问题。在确定基础的埋置深度时，必须综合考虑以下因素：①地基的地质条件。②河流的冲刷深度。③当地的冻土深度。④上部结构的形式；⑤保证持力层稳定所需的最小设置深度。同时，还要考虑现有的施工技术条件和造价等因素。

（三）地基、基础验算

当基础埋置深度和构造尺寸确定以后，应根据荷载的最不利情况对地基和基础进行验算，以确保结构物的安全和正常使用。

地基、基础验算的主要内容包括：①地基承载力验算。②基底合力偏心距验算。③基础和地基稳定性验算。④基础沉降验算。

1. 地基承载力验算

地基承载力验算主要是验算地基允许承载力是否满足荷载要求。为此，应首先确定地基的允许承载力。除了须对持力层强度进行验算以外，还应特别注意持力层以下是否存在软弱下卧层。

2. 基底合力偏心距验算

桥墩、桥台基础设计时，必须控制基底合力偏心距，其目的是尽可能地使基底应力分布比较均匀，以免基底两侧应力分布相差悬殊，致使基底产生较大的不均匀沉降，从而导致桥墩、桥台倾斜，影响其正常使用。另外，当基底某一侧出现拉应力时会使基底应力重分布，从而使基底应力与设计值间出现较大偏差。

3. 基础和地基稳定性验算

基础和地基稳定性验算包括基础抗滑稳定性验算、基础抗倾覆稳定性验算及地基土抗滑稳定性验算。

4. 基础沉降验算

基础沉降主要是在竖向荷载的作用下，由基础下方的土层被压缩变形引起的。如果沉降量过大，势必影响结构的正常使用，甚至危及结构的安全。

基础沉降验算的内容包括最终沉降量、相邻基础的沉降差验算。

5. 柔性基础的计算要点

柔性基础一般为在软土地基上的柱下条形基础。当有外荷载作用时，对于柔性基础的内力分析，应考虑上部结构、基础和地基的协调变形。此时，应采用弹性地基梁或厚板的分析方法，以此精确求得基础的内力，进而完成柔性基础的设计。由于这种方法比较烦琐，因此设计中常用简化方法进行计算，倒梁法便是其中一种常用的简化计算方法。

所谓倒梁法，就是将柱下条形基础假设为以柱脚为固定铰支座的倒置连续梁，以线性分布的基底净反力作为初始荷载，基础按倒置的多跨连续梁计算内力。显然，倒梁法特别适合刚性柱体系下条形弹性基础的内力分析。实践表明，应用倒梁法时柱间距不宜过大,并应尽量等间距排列,若地基比较均匀,基础或柱结构刚度较大且条形基础高度大于 1/6 的柱距,则倒梁法的计算结果更可靠。

(四)浅基础施工

浅基础都是采用基坑开挖的方式进行施工的,基坑开挖环境主要有两种:①陆地上基坑开挖。②水中基坑开挖。

在陆地上开挖基坑时,根据开挖的深度和地下水位的高低,可以将开挖施工划分为四种状态:①浅基坑无水开挖。②深基坑无水开挖。③浅基坑渗水开挖。④深基坑渗水开挖。针对上述四种开挖状态,产生了很多开挖工艺。应注意,此处的深基坑是相对概念,其仍然属于浅基础的范畴。

在水中进行浅基础开挖时,通常可采用钢板桩围堰或土石围堰作为基坑开挖的防护手段。

1. 陆地上基坑开挖

(1)浅基坑无水开挖

浅基坑无水开挖属于陆地深水位地层中的开挖。由于基坑浅而水位深,开挖是在无水或渗水很小的情况下进行的,基坑壁的稳定性不受水的影响,因此基坑开挖比较简单,通常不需要考虑护壁。坑壁形态可根据土质情况灵活选择,可选择竖直状、斜坡状、阶梯状。

(2)深基坑无水开挖

首先,地下水位于基坑底面以下,虽基坑开挖较深,但坑内渗水较少,通常在坑底设置几个集水坑抽水即可。基坑壁的稳定性基本不受水的影响,主要由土层性质控制。此时,若条件允许,可以采用坑壁放坡或修筑台阶的方式进行开挖;若条件不允许全方位大尺度扩口,则应当采取适当的护壁措施进行开挖,以防止坑壁发生坍塌。通常采用的护壁措施有插打钢板桩围堰、钢轨、木桩,也可以采用挂网喷射混凝土、地下连续墙、钻孔搅拌桩连续墙等防护措施。

(3)浅基坑渗水开挖

有些浅基础虽然基坑开挖不深,但因处在水中而无法正常开挖;或者基坑位于地下水位很浅的陆地上,开挖后渗水严重,甚至出现涌水。针对上述两种情况,如不消除水的影响,基坑开挖将难以开展。目前可采用的排水方法主要有以下三种:①降水井抽水排水法。②钢板桩围堰封闭排水法。③地下连续墙封闭排水法。其中,降水井抽水排水法适用于陆地高水位环境;钢板桩围堰封闭排水法既适用于水中基坑开挖，又适用于陆地高水位环境；地下连续墙封闭排水法适用于陆地高水位环境。在水中环境和陆地高水位环境中，采用集水坑抽水排水的方法是难以奏效的。

（4）深基坑渗水开挖

在水中开挖深基坑是浅基础施工中难度最大的。根据长期的工程实践经验，利用钢板桩围堰封闭开挖空间，使之与外围水源隔绝，在无渗水、无坑壁坍塌的环境中进行水中深基坑的开挖是值得推荐的方法。

2. 水中基坑开挖

（1）钢板桩围堰

钢板桩围堰适用于在较深的水中进行深基坑开挖时的防护。钢板桩围堰一般适用于砂土、碎石土和半干硬性黏土。钢板桩的特点是自身强度高、刚度大、抗插打能力强，在土层中有很强的穿透能力。

钢板桩之间以锁口扣接。扣接后既加强了钢板桩的整体刚度，扣接处又具有很好的抗渗性能。

在深水处可采用双层钢板桩围堰，层间可填黏土。一方面可增强围堰的抗侧压能力，另一方面可增强围堰的抗渗水能力。在基坑开挖过程中，暴露出来的钢板桩悬臂过长时，可在围堰内增设水平横向支撑，以增加钢板桩的侧向抗弯刚度，从而适应较深的基坑开挖支护。

采用钢板桩围堰支护方式以后，基坑开挖过程始终是在钢板桩支护下进行的。当基础施工完成后，钢板桩还可以回收。

（2）土石围堰

在水流较浅（2 m 以下）、流速缓慢、渗水量较小的河床中修建浅基础时，可以采用堆积土石袋填筑黏性土芯墙来构筑土石围堰。利用土石围堰隔离河水，围出基坑开挖的空间，然后进行基坑开挖和浅基础施工。土石围堰的芯墙宜采用黏性土填筑；当缺少黏性土时，也可用砂土类填筑。为了增强芯墙的防渗能力，应加大堰身芯墙的填筑厚度，以加长渗流的路径，增加渗流阻力。

三、桩基础

随着桥梁跨径的增大，桥梁荷载的不断增加，对于基础承载能力的要求越来越高，基础的承载能力来自基础下方地基的支撑，但由于各种条件的限制（包括基础底面的面积、基础建造材料的力学性能、持力层的埋深程度以及土层自身的力学性能等），桥梁基础必须从更深、更厚的持力层中获取支撑力，从而促使桩基础的出现。因此，桩基础属于深基础中的一个类型。

桩基础是由基桩和桩顶承台共同组成的一种基础形式。若桩身全部埋于土中，承台底面与地基接触，则称为低承台桩基础；若承台底面位于地面以上而桩身上部露出地面，则称为高承台桩基础。桥梁结构大多采用低承台桩基础，特殊情况下（如跨海大桥）会用到高承台桩基础。按照其受力原理，基桩大致可分为摩擦桩和端承桩（也称为柱桩）。

（一）摩擦桩的施工

摩擦桩依靠基桩与周围土层间的摩擦产生支撑上部结构质量的摩擦力，所以摩擦桩不仅要与四周土体紧密接触，还应该有足够大的接触面积，只有这样才能获得足够大的摩擦力。

紧密接触意味着摩擦桩的施工应尽可能减少对桩体周围土层的扰动，而且桩的尺寸必须与桩孔尺寸完全吻合。满足这种条件的施工方法有将预制桩体打入地层内，或者在地层中钻孔，然后浇筑混凝土利用第一种施工方法的基桩称为打入桩，利用第二种施工方法的基桩称为钻孔桩。

由于摩擦力的大小与接触面积成正比，为了让桩体获得足够大的摩擦力以支撑上部结构的质量，因此必然要求桩与土层之间有足够大的接触面积，这意味着桩体应该有足够的长度。通常情况下摩擦桩都比较长，深入土层之中，这会给施工造成很多困难。

采用群桩将大大提高桩基础与地基间的接触面积，从而大大提高了地基对基础的支撑力度以及桥梁基础的承载能力。

1. 打入桩

打入桩是依靠专用设备将预制钢筋混凝土桩或预应力混凝土管桩强行打入土层之中的一种基础形式。

受自身强度和打入设备所限，预制钢筋混凝土桩的单桩承载能力较低；如果有接桩，则接头容易在打入过程中成为折断点，而且桩顶在打入过程中易破碎。由于存在上述种种缺陷，预制钢筋混凝土桩已基本被弃用，取而代之的是更先进的预应力混凝土管桩，通常人们也将其称为管桩。由管桩构成的基础称为管桩基础。

预应力混凝土管桩的生产采用工厂化先张预应力混凝土离心成形工艺。其产品种类多、强度高，能够适应多种施工环境。可以说，预应力混凝土管桩体现了当代混凝土技术的进步与混凝土制品的高新工艺水平。

由于预应力混凝土管桩具有优良的插打性能、稳定的承载能力及显著的经济效益，因此越来越被重视，应用范围越来越广泛。

预应力混凝土管桩基础具有以下优点：①单桩承载能力高。②应用范围广。③对持力层起伏较大的地质环境适应性强。④实现单桩承载能力的成本低。⑤运输吊装方便，接桩快捷。⑥成桩长度不受施工机械的限制。⑦施工速度快，效率高，工期短。

预应力混凝土管桩的沉桩施工方法主要有锤击沉桩法、振动沉桩法、射水沉桩法及静力压桩法。现特简单介绍锤击沉桩法和静力压桩法。

（1）锤击沉桩法

导杆式柴油锤是锤击沉桩法中应用最为广泛的一种桩锤，它以轻质柴油为燃料。锤头落下时点燃油料使压缩空气发生爆炸，对桩帽产生冲击力，同时驱动锤头上跳，当锤头再次落下时，既可冲击桩帽，又可同时引燃油料并引爆压缩空气。如此反复，完成打桩。

（2）静力压桩法

抱夹式液压静力压桩机（简称抱压桩机）主要以桩机自身的质量加配重作为反作用力来克服压桩过程中的桩侧摩阻力和桩端阻力。压桩机的设计压力已经达到了 6 000 ~ 12 000 kN。

2. 钻孔桩

钻孔桩是利用各种钻孔设备在设计桩位就地钻成一定直径和深度的孔井，在孔井内放入钢筋笼，然后灌注混凝土所形成的桩基础，因此也称为钻孔灌注桩。

我国桥梁工程中，钻孔桩基础的应用始于 20 世纪中期，随着钻孔技术和钻孔工艺的不断成熟与完善以及钻孔设备的不断发展，钻孔直径由初期的 0.25 m 发展到目前的 4 m 以上，成桩长度也由初期的几米、十几米发展到现在的几十米，甚至上百米。

与管桩相比，钻孔桩有很多优点，比如造价低、节省钢材、施工设备简单、不需要在桩体内施加预应力、操作方便、适用于各种黏性土和砂性土，也适用于含砾石较多的土层及岩层。但是，钻孔桩也存在以下缺点：①在钻孔过程中，容易发生孔壁坍塌、卡钻、掉钻。②当护壁泥浆处理不当时易造成环境污染等。

③在混凝土灌注过程中容易发生缩径、断桩等。④在遇到流砂地层或者有承压水的地层时，孔壁极易坍塌，成孔难度较大。

钻孔桩施工应根据土质情况、桩径大小、入土深度和机具设备等条件选用适当的钻机设备和钻孔方法，以保证能顺利达到预定的孔深，然后清孔，吊放钢筋笼，灌注水下混凝土。

钻孔桩施工时，必须首先对场地的工程地质条件和水文地质情况有充分了解。除应仔细阅读场地工程地质报告外，对场地工程地质不清楚的方面还应进行施工前的钻探勘察。

钻孔桩施工过程中应关注以下施工流程及施工要点。

（1）埋设护筒

护筒的作用：①固定桩位。②引导钻头。③保护孔口，防止孔口土层坍塌。④隔离孔内外表层水。⑤保持孔内水位高出地下水位，增加孔内静水压力，稳定孔壁，防止坍孔。

护筒一般采用钢材料制成，要求坚固耐用，可以反复使用且不漏水，其内径应比钻孔直径稍大。护筒长度应根据场地表层土的性质来确定：如果是黏性土，护筒长度取 2 m 即可；如果是容易坍塌的砂性土，则应当采用长护筒，护筒长度应穿过砂土层。

（2）制备泥浆

泥浆在钻孔过程中的作用主要有以下几点：①在孔壁内侧产生较大的静水压力，防止孔壁坍塌。②因泥浆的静水压力较大，泥浆可以渗进孔壁土层表面，使孔壁形成胶状泥层，从而起到护壁作用。③孔壁胶状泥层可以隔断钻孔内外水的交换，稳定孔内水位上升。④泥浆具有较大的比重，具有浮渣作用，有利于钻孔过程中的排渣。

（3）钻孔

目前，我国经常使用的钻孔设备有旋转钻、冲击钻、旋挖钻。

旋转钻：旋转钻利用钻具的旋转切割土体钻进，在钻进的同时常采用循环泥浆护壁与排渣，最终钻进成孔。

冲击钻：冲击钻的钻头为质量较大的钻锥。在钻孔过程中，卷扬机不断将钻锥提起，让其自由坠落，利用钻锥落下时的冲击力将土层中的泥砂、石块打成碎渣，使碎渣随泥浆的流动排出孔外，最终冲击成孔。

旋挖钻：旋挖钻是一种适用于基础工程中成孔作业的施工设备。其广泛运用于市政工程、桥梁工程、高层建筑物等基础工程的施工。配合不同的钻具，其可适应干式（短螺旋）、湿式（回转斗）及岩层（岩心钻）的成孔作业。旋挖钻具有装机功率大，输出转矩大，轴向压力大，机动灵活，施工效率高及功能多的特点。旋挖成孔时，首先通过底部带有进土孔的桶式钻头的回转来破碎岩土，然后将破碎后的岩土压入钻头桶内，最后由钻孔机提升装置和伸缩式钻杆将钻头提出孔外，卸除桶内岩土。如此循环往复，不断地取土和卸土，直至钻至设计深度。对于黏结性好的岩土层，可采用干式或清水钻进工艺，无须泥浆护壁；对于松散易坍塌的地层或有地下水分布、孔壁不稳定的地层，则必须采用静态泥浆护壁的钻进工艺方可确保成孔。

清孔，放置钢筋笼。清孔的目的是清除孔底沉淀的钻渣，使沉渣的厚度满足规范的要求，以保证灌注的混凝土与持力层之间无夹层。清孔既可以减小对单桩承载力的影响，又可以避免基桩发生过大的沉降。清孔一般需做两次，第一次是在孔底标高达到设计值后、安装钢筋笼之前，第二次是在钢筋笼安装到位后、灌注混凝土之前。第一次清孔完成后应检查钢筋笼的加工质量，并及时吊装和安放钢筋笼，以避免因延时过长而引起坍孔或沉渣厚度过大。钢筋笼安放完成后需再次清孔，达到要求后方可灌注水下混凝土。

灌注水下混凝土。灌注水下混凝土是形成钻孔桩的最后一道工序，也是非常重要的一道工序。混凝土的灌注质量将直接影响钻孔桩的承载力，灌注质量不好时甚至会造成废桩。灌注水下混凝土时应注意以下几点：①为保证水下混凝土的质量，设计混凝土配合比时，应在设计强度的基础上提高15%。如果桩的设计强度为C25，则其生产配合比应达到C30，坍落度宜为180~220 mm，以保证混凝土具有良好的和易性和流动性，避免灌桩过程中发生断桩。②首批灌注的混凝土数量应保证将导管内和孔底泥浆全部压出，并保证导管端部埋入孔底混凝土内的深度为1~1.5 m。良好的灌注过程应该使得首批灌注的混凝土始终被后续灌注的混凝土托浮在顶面，最终成为桩头混凝土的主要部分而被凿除。③混凝土的灌注过程应保持连续。灌注过程中应经常测量混凝土的灌注标高和导管埋深。记录混凝土的灌注数量，通过提升导管保证其埋入深度始终为4~6 m，避免因埋深过大导致管口压力超过灌注压力，使得导管内混凝土无法压出而孔内混凝土不能顶升，甚至导致导管无法提升，从而造成废桩。正常提升导管时、应防止因提速过快而造成桩身混凝土夹泥或断桩。④灌注混凝土最终的顶面标高应在设计桩顶标高的基础上预加一定的高度（翻浆高度），预加高度的部分称为桩头。桩头范围内的浮浆和混凝土应凿除，以保证桩顶混凝土的质量。桩头凿除后，留下的钢筋作为与承台连接的接茬钢筋。接茬钢筋的长度不得小于 1 m。

（二）钻孔桩的质量标准

1. 钻孔桩成孔的质量标准

钻孔桩在终孔和清孔后，应使用仪器对成孔的孔位、孔深、孔形、孔径、竖直度、泥浆相对密度、孔底沉渣厚度等指标进行检测，检测标准应符合《公路桥涵施工技术规范》（JTG/T 3650—2020）或《高速铁路桥涵工程施工质量验收标准》（TB 10752—2018）的要求。

验收标准是工程建设各方（业主、设计方、施工方、监理方）对钻孔桩的成孔质量进行评判的共同标准，必须掌握。

2. 钻孔桩水下混凝土的质量标准

钻孔桩水下混凝土的质量标准如下：①桩身混凝土强度符合设计要求。②桩身无断层或夹层。③桩底不高于设计标高，桩底沉渣厚度不大于质量验收标准的规定。④凿除桩头后，无残余松散层和薄弱混凝土层。⑤需嵌入承台内接茬钢筋的长度应符合要求。

四、沉井基础

沉井基础是桥梁工程施工中经常用到的基础形式，因沉井在最初制作时无底无盖，形似筒状，又称为井筒。

沉井通常采用钢材、混凝土或钢筋混凝土制成，具有强度高、质量大、外形庞大、容易下沉的特点。当采用合适的方式将其沉降到稳定地层中时，沉井将因其稳定的状态和较大的支撑截面为建造在其顶面上的结构物提供强大而稳定的支撑。因此，在软土沉积很厚的地方常选择沉井作为桥墩基础。

沉井主要由井壁、刃脚和隔墙等组成。沉井既是基础结构的组成部分，又在下沉过程中起着挡土和挡水的围护作用，不需再另设坑壁支护结构，施工工艺简单，技术稳妥可靠，不需特殊的专业设备。此外，其可做成补偿性基础，既节省了材料又简化了施工，因此在深基础或地下结构中被广泛应用。

（一）沉井的类型

1. 按平面外形分类

按照平面外形分类，沉井可分为圆形沉井、矩形沉井和圆端形沉井。

（1）圆形沉井

圆形沉井易控制下沉方向，取土方便，在水压力作用下井壁只承受环向压力。

（2）矩形沉井

矩形沉井制造简单，基础受力有利。其四角一般做成圆角，以减小井壁的摩阻力和取土清底的困难。但其阻水面积大，易造成严重冲刷，井壁承受的挠曲弯矩较大。

（3）圆端形沉井

圆端形沉井介于上述两者之间，在控制下沉、受力状态、阻水冲刷方面较矩形沉井有利，但制造相对复杂。

2. 按仓室分布分类

当沉井平面尺寸较大时，往往根据井壁侧向承受的弯矩、施工要求及上部结构的需要，在沉井中设置隔墙，将沉井平面分成多格，沉井内部空间被分成多个仓室。按照仓室的分布，沉井可分为圆形单仓沉井和矩形三仓沉井。

（二）沉井的构成

通常情况下，沉井结构由井壁、刃脚、隔墙、射水管、封底和盖板构成。

1. 井壁

井壁是沉井的主体部分。在沉井下沉过程中，井壁具有挡土、挡水的作用，同时是沉井下沉入岩时自重荷载的主体部分；当沉井下沉到位后，井壁是将上部荷载向地基传递的主体部分，因此，井壁必须具有足够的强度和一定的厚度。

2. 刃脚

井壁最下端首先入岩的楔状部分称为刃脚。刃脚的作用是通过缩小沉井的下切面积，增大下切强度，使沉井更易切入土体。

刃脚底部的宽度一般为 0.1 ~ 0.2 m，软土可适当放宽。当下沉深度大且土质较硬时，刃脚底面应采用型钢或槽钢加固，以防刃脚破坏。

3. 隔墙

当沉井平面尺寸较大时，应在沉井内设置隔墙，将沉井分隔成多个仓室，以加强沉井的刚度，减小井壁的挠曲。应注意的是，在进行隔墙设计时，应使隔墙底面标高高于刃脚底面标高。

4. 射水管

当沉井下沉尺度大、穿越的土层土质较好时，其在下沉过程中有可能遇到困难。此时应预先在井壁中埋置射水管，借助射水的帮助提高沉井下沉的速率。

5. 封底和盖板

当沉井下沉至设计标高且清基完成后，应浇筑封底混凝土以阻止渗水。若沉井中无填料，应在沉井顶部设置盖板，从而起到上下连接的作用。

（三）沉井施工方法

1. 陆地上沉井施工方法

陆地上的沉井采用在墩台位置处就地制造，取土下沉的施工方法。因为这种施工方法是在原地制作的，故不需大型设备，且施工方便，成本低。

通常情况下，沉井比较高，故可以分段制造、分段下沉。其中，第一节沉井的制作和下沉尤为重要。

（1）第一节沉井的制作

第一节沉井应建造在较好的土质上。当土质强度不能满足第一节沉井制作的质量要求时，可对地基进行处理或减小沉井节段的高度。由于沉井自重较大，刃脚底部窄，应力集中，因此应在沉井刃脚下对称的位置铺垫枕木，再立模，绑扎钢筋，浇筑第一节沉井混凝土。下沉时，应按顺序对称地抽出枕木，以防止沉井出现倾斜和开裂。

（2）沉井下沉

在沉井仓室内不断取土可使沉井下沉。下沉方法可分为排水下沉和不排水下沉两种，两种方法对沉井下沉过程中井壁外侧的摩擦力有较大影响。

对于水位以上部分或渗水量小的土层，可采取人工和机械挖土；当井内水位上升时，可采用抓土斗或水力吸泥机取土，待沉井顶面高出地面1~2m时应停止挖土，接高沉井。

（3）封底，填充填料及浇筑盖板

封底之前应对基底进行检验和处理，一般情况下采用不排水封底，封底厚度应满足沉井底部不渗水的要求。封底施工完毕后再填充填料，浇筑盖板。

2. 水中沉井施工方法

水中沉井可采用筑岛法和预制浮运下沉两种方法进行施工。

（1）筑岛法

当水浅且流速不大时，可在墩台的设计位置用土石料人工筑岛，并在岛的四周以砂石袋堆码围护。当水流速较大或水位变化大时，可采用钢板桩围堰等方式防护。筑岛完成后，采用陆地上沉井的施工方法进行沉井施工。

（2）预制浮运下沉

当水很深、流速很大时，采用筑岛法难以实施，且成本太高或风险太大。此时，沉井可以在工厂内或预制场地内分段制造，然后用浮吊分段运输，就位后分段拼接下沉。

第二节　桥面布置与结构

桥面构造通常包括桥面铺装、防水与排水系统、桥面伸缩缝、人行道（或安全带）、缘石、栏杆、护栏和照明灯柱等。

桥面构造多属于外露部位，直接与外界（包括车辆、行人、大气等）接触，对桥梁的主要结构起保护作用，使桥梁能够正常发挥功能，同时也对行车安全和桥梁的美观起着重要的作用。现代高速交通体系的桥梁，更强调桥面构造的重要性。

由于桥面构造工程量小，项目繁杂，以及其附属性的地位，往往在设计和施工中得不到应有的重视，有可能导致运营过程中产生弊病，影响桥梁的正常使用，增加维修费用，甚至被迫中断交通。因此，必须全面了解桥面构造各部件的工作性能，合理选择，认真设计，精心施工。桥面的布置应在桥梁的总体设计中考虑，应根据道路等级、桥梁宽度、行车要求等条件确定。

一、桥面铺装

桥面铺装也称行车道铺装，其功能是保护属于主梁整体部分的行车道板不受车辆轮胎的直接磨耗，防止主梁遭受雨水的侵蚀，并能对车辆轮重的集中荷载起一定的分布作用，因此，桥面铺装应具有抗车辙、行车舒适、抗滑、不透水等特点。桥面铺装的结构形式宜与所在位置的公路路面相协调。

（一）桥面布置

桥面布置应根据道路的等级、桥梁的宽度、行车要求等条件确定，主要有以下几种：①双向车道布置，即行车道的上下行交通布置在同一桥面上，它们之间用画线分隔。由于在桥梁上同时存在上下行机动车和非机动车，车辆只能中速或低速行驶，对交通量较大的道路，桥梁往往会造成交通滞流状态。②分车道布置，即桥面上设置分隔带或分离式主梁布置，使上下行交通分隔，甚至机动车道与非机动车道分隔，行车道与人行道分隔设置。这种布置方式可提高行车速度，便于交通管理。③双层桥面布置，即桥梁结构在空间上提供两个不在同一平面上的桥面构造。双层桥面布置可以使不同的交通严格分道行驶，提高了车辆和行人的通行能力，便于交通管理。同时，在满足同样交通要求时，可以充分利用桥梁净空，减小桥梁宽度，缩短引桥长度，达到较好的经济效益。

（二）桥面横坡的设置

桥面设置纵横坡，以便雨水迅速排除，防止或减少雨水对铺装层的渗透，从而保护桥面板，延长桥梁的使用寿命。

桥面上设置纵坡，不仅有利于排水，在平原地区还可以在满足桥下设计净空要求的前提下，降低墩台高程，减少引桥长度或桥头引道土方量，从而节省工程费用。桥面的纵坡，一般做成双向纵坡，在桥中心设置竖曲线。

桥面横坡坡度可按路面横坡取用，或比后者大 0.5%。对于沥青混凝土或水泥混凝土铺装，行车道桥面通常采用抛物线型横坡，人行道则用直线型。通常有三种设置形式：①对于板桥（矩形板或空心板）或就地浇筑的肋板式梁桥，为节省铺装材料并减小恒载，可将横坡直接设在墩台顶部，或墩台顶部为水平采用变高的支承垫石使桥梁上部结构形成双向倾斜，此时，铺装层在整个桥宽上做成等厚的。②对于装配式肋板梁桥，为使主梁构造简单、架设与拼装方便，通常横坡直接设在行车道板上。在行车道板（全跨范围内）与等厚的混凝土桥面铺装层之间铺设一层厚度变化、形成双向倾斜的素混凝土三角垫层。桥面不限宽时，这种方式较常用。③在桥宽较大的桥梁（如城市桥梁）中，用三角垫层设置横坡将使混凝土用量和恒载增加太多，为此，可将行车道板做成倾斜面而形成横坡。其缺点是主梁构造复杂，制作麻烦。

（三）桥面铺装的类型

桥面铺装可采用水泥混凝土、沥青表面处治和沥青混凝土等各种类型。沥青表面处治桥面铺装耐久性较差，仅在中级或低级公路桥梁上使用。水泥混凝土和沥青混凝土桥面铺装性能良好，应用较广。

水泥混凝土的耐磨性能好，适合重载交通。水泥混凝土桥面铺装直接铺设在防水层或桥面板上，层厚不宜小于 80 mm，其强度等级不应低于 C40，铺设时应避免二次成型。水泥混凝土铺装层内应配置钢筋网，钢筋直径不应小于 8 mm，间距不宜大于 100 mm。

考虑到在特大桥、大桥中，因结构体系的原因，桥面板常受到拉、压应力的交替作用，为防止桥面铺装参与受力而导致开裂，目前推荐在高速公路、一级公路上的特大桥、大桥宜采用沥青混凝土铺装。

沥青混凝土桥面铺装由黏层、防水层、保护层及沥青面层组成，其总厚度宜为 6~10 cm，铺设方式分为单层式和双层式两种。高速公路、一级公路的沥青桥面铺装为双层式，下层为 3~4 cm 中粒式沥青混凝土整平层，表面层的厚度与级配类型可与其相邻桥头引线相同，但不宜小于 2.5 cm。多雨潮湿地区、纵坡大于 5% 或设计车速大于 50 km/h 的大中型高架桥、立交桥的桥面应铺设抗滑表层。

沥青混凝土维修养护方便，铺筑后几小时就能通车，但易老化和变形。因此，沥青材料应采用重交通沥青或改性沥青。改性沥青混凝土是近年来国内开展研究和铺筑的改性能沥青混凝土材料，其具有抗滑、密水、抗车辙、减少开裂等优点，值得推广应用。

钢桥面为减轻自重和适应钢结构的变形，基本上都用沥青混凝土铺装，常用的体系有"双层环氧""下层环氧+上层SMA""下层浇筑+上层SMA""下层浇筑+上层环氧"等铺装体系。在应用中出现了较多的早期病害现象，如高温车辙、横向推移与开裂等。近年来，我国开展了大量的研究与实践，钢桥面沥青混凝土铺装技术取得了较大的进步，早期病害得到了有效控制。目前还出现了采用超高性能混凝土（UHPC）的钢桥面铺装新技术。

随着路面防水技术的发展，我国开始广泛采用各种改性沥青黏结料或高分子聚合物沥青防水涂层的新技术。这种防水层具有黏结力强、高温不流淌、低温不脆裂、无毒、成膜时间短、重量轻等优点。

二、桥面防水与排水系统

桥面积水不利于行车安全，也给行人带来不便，为了保障桥面行车通畅、安全，防止桥面结构受降水侵蚀，应设置完善的桥面防水和排水设施。

（一）防水层

桥面的防水主要由设置防水层来完成。防水层的作用是将透过铺装层渗下的雨水汇集于排水系统（泄水管）排出。桥面的防水层设置在桥面铺装层下面。

桥面铺装要设置防水层，但其形式和方法应当视当地的气候、雨量和桥梁结构形式等具体情况而定。桥面伸缩缝处应连续铺设，不可切断；在主梁受负弯矩作用处，应设置柔性防水层。防水层应采用便于施工、坚固耐久、质量稳定的防水材料。当前，桥梁中常用的防水层有以下三种类型：①沥青涂胶下封层，即首先洒布薄层沥青或改性沥青，其上再铺一层砂子，然后经反复碾压形成。②高分子聚合物涂料，如聚氨酯胶泥、环氧树脂、阳离子乳化沥青、氯丁胶乳等。高分子聚合物涂料不但具有优异的弹塑性、耐热性和黏结性，而且具有与石油沥青制品良好的亲和性，能适应沥青混凝土在高温条件下的施工。由于施工简单方便，安全无污染，近年来得到广泛使用，已成为各类大中型桥梁桥面防水施工的专用涂料。③铺装沥青或改性沥青防水卷材，以及浸渍沥青的无纺土工布等。沥青防水卷材用做防水层，造价高，施工麻烦且费时。由于将行车道和铺装层分开，削弱了二者的连接，如果施工处理不当，将使桥面铺装层似有一弹性垫层，在车轮荷载作用下，铺装层容易起壳开裂。为了增强其抗裂性，可在其上的混凝土铺装层或垫层内铺设 $\Phi 3 \sim 6$ 的钢筋网，网格尺寸为 $150\,mm \times 150\,mm$ 至 $200\,mm \times 200\,mm$。

（二）排水设施

为了迅速排除桥面积水，保证行车安全，桥面应设置排水系统。排水系统主要由设置桥面纵横坡及一定数量的泄水管等组成。

泄水管的设置应依据设计径流量计算确定，但最大间距不宜超过 $20\,m$。通常，当桥面纵坡大于 2% 而桥长小于 $50\,m$ 时，桥上可以不设置泄水管，此时可在引道两侧设置流水槽，以免雨水冲刷路基；当桥面纵坡大于 2% 而桥长大于 $50\,m$ 时，桥上每隔 $12 \sim 15\,m$ 设置一个泄水管；当桥面纵坡小于 2% 时，应每隔 $6 \sim 8\,m$ 设置一个泄水管。在桥梁伸缩缝的上游方向应增设泄水管，在凹型竖曲线的最低点及其前后 $3 \sim 5\,m$ 处也应各设置一个泄水管。桥面上泄水管的过水面积按每平方米桥面不少于 $2 \sim 3\,cm^2$ 布置。

泄水管口可采用圆形或矩形。圆形泄水管口的直径宜为 $15 \sim 20\,cm$；矩形泄水管口的宽度宜为 $20 \sim 30\,cm$，长度为 $30 \sim 40\,cm$。泄水管常采用铸铁管或塑料管,最小内径为 15 cm。泄水管周围的桥面板应配置补强钢筋网。

1. 竖向泄水管道

竖向泄水管道可以沿行车道两侧左右对称排列,也可交错排列,其离缘石的距离为 20 ~ 50 cm,泄水管口顶部采用铸铁格栅盖板,其顶面应比周围路面低 5 ~ 10 mm,桥面积水流入泄水管后直接向下排放。也可将泄水管布置在人行道下面,桥面水通过设在缘石或人行道构件侧面的进水孔流入泄水孔。安装泄水管时,应将其下端伸出桥面板底面以下 150 ~ 200 mm,以防止雨水浸润桥面板。如果桥面铺装层内设有防水层,则应让管道与防水层紧密结合,以便防水层上所积存的渗水能通过泄水管道排出桥外。

2. 横向泄水管道

对于一些跨径不大、不设人行道的小桥,有时为了简化构造和节省材料,可以直接在行车道两侧的安全带或路缘石上预留横向孔道,并用铁管或其他排水管将水排出桥外。横向泄水管道应伸出桥侧 20 ~ 30 mm,以免积水浸润构件。这种泄水管道构造简单、安装方便,但因坡度较缓,容易堵塞。

3. 封闭式泄水管道

对于跨越公路、铁路、通航河流的桥梁以及城市桥梁,为保证桥下行车行人安全及公共卫生的需要,应像建筑物那样设置封闭式的排水系统,将流入泄水管中的雨水汇集到纵向排水管(或排水槽)内,并通过设在墩台处的竖向排水管(落水管)流入地面排水设施或河流中。

排水管材料有铸铁管、塑料管(聚氯乙烯 PVC 或聚乙烯 PE)或钢管,其内径应等于或大于泄水管的内径。排水槽宜采用铝、钢或玻璃钢材料,其横截面为矩形或 U 形,宽度和深度均宜为 20 cm 左右。纵向排水管或排水槽的坡度不得小于 0.5%。桥梁伸缩缝处的纵向排水管或排水槽应设置可供伸缩的柔性套筒。寒冷地区的竖向排水管,其末端宜距地面 50 cm 以上。

当采用透水沥青混凝土铺装时,排水管的顶面应低于透水层的地面,以发挥排水系统的作用;集水口要有强大的集水功能,特别是对于有纵坡的长桥,应避免雨水沿纵坡向台后汇流;在伸缩缝前要有集水装置,以免伸缩缝的缝隙成为桥面雨水的出口,侵蚀伸缩缝,并影响支座和桥梁结构的耐久性。

三、桥梁伸缩缝

桥梁伸缩装置的主要作用是适应桥梁上部结构在气温变化、活载作用、混凝土收缩徐变等因素的影响下变形的需要，并保证车辆通过桥面时的平稳。一般设在两相邻梁端之间以及梁端与桥台背墙之间。要注意，在伸缩缝附近的栏杆、人行道结构也应断开，以满足梁体的自由变形。

桥梁伸缩装置直接暴露在大气中，承受车辆、人群荷载的反复作用，很小的缺陷和不足都会引起跳车等不良现象，从而使其承受很大的冲击力，甚至影响桥梁结构本身和通行者的生命安全，是桥梁结构中最易损坏又较难修缮的部位。在设计与施工过程中，应给予足够的重视。桥梁伸缩缝应满足下列要求：①能够满足桥梁自由伸缩的要求，保证有足够的伸缩量。②牢固可靠，与桥梁结构连为整体，抗冲击，经久耐用。③桥面平坦，行驶性良好，车辆驶过时应平顺，无突跳和噪声。④具有能够安全防水和排水的构造，有效防止雨水渗入。⑤能有效防止垃圾渗入阻塞。敞露式的伸缩缝要便于检查和清除缝下沟槽的污物。⑥构造简单，施工、安装方便，且养护、修理与更换方便。⑦经济、价廉。

桥梁伸缩装置的类型有梳齿板式伸缩装置、橡胶伸缩装置、TST碎石弹性伸缩缝等，目前多用橡胶伸缩装置。按照伸缩体结构不同，桥梁橡胶伸缩装置可分为纯橡胶式、板式、组合式和模数式四种，其选型主要视桥梁变形量的大小和活载轮重而定，目前最大适应伸缩量可达3 000 mm。

桥梁变形量的大小主要考虑以伸缩装置安装时的温度为基准，由温度变化引起的伸缩量和混凝土的徐变、干燥收缩所引起的伸缩量作为基本伸缩量。

对于其他因素，例如梁端的转角变位、安装时的偏差等，一般都作为安全裕量和构造上的需要来考虑。通常在基本伸缩量的基础上，再增加20%的安全裕量即可。

四、人行道、栏杆、护栏与灯柱

位于城镇和市郊等人口稠密地区的桥梁均应设置人行道、栏杆及灯柱，在城镇以外、行人稀少地区的公路桥梁上，可以不设人行道和灯柱，但必须设置栏杆、安全带或护栏。这些设施虽然并不直接参与桥梁结构的受力，但其对行人和车辆的安全以及桥梁的美观有着重要作用，城市桥梁的栏杆和灯柱设计还应重视艺术造型设计，简洁明快，并与周围环境和桥梁结构整体相协调，给行人和车辆驾驶员提供广阔的视野。

（一）人行道和安全带

人行道的宽度和高度应根据行人的交通流量和周围环境来确定。人行道的宽度宜为 1 m，当宽度要求大于 1 m 时，按 0.5 m 的倍数增加。在快速路、主干路、次干路桥，或行人稀少地区，若两侧无人行道，则两侧应设安全带，它是为保证车辆在桥上靠边行驶时的安全而设置的带状构造物，宽度为 0.5～0.75 m，高度不少于 0.25 m。近年来，不少桥梁设计中，为了保证行车的安全，安全带的高度已经用到 ≥ 0.4 m。

安全带可以做成预制块件或与桥面铺装层一起现浇。预制的安全带有矩形截面和肋板式截面两种，以矩形截面较为常用。安全带应每隔 2.5～3 m 做一断缝，以免参与主梁受力而被损坏。

人行道顶面应做成倾向桥面 1%～1.5% 的排水横坡，城市桥梁人行道顶面可铺彩砖以增加美观。此外，人行道在桥面断缝处必须做伸缩缝。

人行道的构造形式多种多样，根据不同的施工方法，可分为就地浇筑式、预制装配式、部分装配和部分现浇的混合式。其中，就地浇筑式的人行道现在已经很少采用。而预制装配式的人行道具有构件标准化、拼装简单化等优点，在各种桥梁结构中应用广泛。

（二）栏杆和照明灯柱

1. 栏杆

栏杆是桥上的一种安全防护设施，既要坚固耐用，又要经济美观。栏杆的高度不应小于 1.1 m，标准设计取用 1 m；栏杆柱的间距一般为 1.6～2.7 m，标准设计取用 2.5 m。

公路与城市桥梁的栏杆可采用混凝土、钢筋混凝土、铸铁、钢材等材料，应结合桥梁特点和美观要求进行合理的选材。栏杆的设计首先要满足结构的受力要求，还要考虑经济实用、施工方便、养护维修省力。城郊的公路桥、城市桥梁及重要的大桥应考虑栏杆的美观性。设计和施工时还应当注意，在靠近桥面伸缩缝处的所有栏杆均应能自由变形。

对于重要的城市桥梁，在设计栏杆和灯柱时，更应注意在艺术造型上使与周围环境和桥型本身相协调。

2.照明灯柱

在城市桥上及城郊行人和车辆较多的公路桥上，均应设置照明设施，一般采用柱灯在桥面上照明（立交桥上也有采用高杆照明的）。照明灯柱可以利用栏杆柱，也可以单独设在人行道内侧，在较宽的人行道上，还可设在靠近缘石处。照明用灯一般高出车道 8～12 m。柱灯的设计要满足照明的使用要求，力求经济合理，同时使全桥在立面上具有统一协调的艺术造型。近年来，在公路桥上也有采用低照明和用发光建筑材料涂层标记，设计时也可以考虑选用。对于大型桥梁和具有艺术、历史价值的中小桥梁的照明，应进行专门设计，既满足功能要求，又顾及艺术效果，并与桥梁的风格相协调。需要提出的是，太阳能作为一种"取之不尽，用之不竭"的安全环保新能源，越来越受到重视，因此，从可持续发展和环保、节约资源的要求出发，应该尽量采用太阳能灯。

（三）桥梁护栏

对于高速公路以及汽车专用一级公路上的特大、大、中桥梁，必须根据其防撞等级在人行道与车行道之间设置桥梁护栏。一般公路的特大、大、中桥在条件许可的情况下也应设置桥梁护栏。在有人行道的桥梁上，应按实际需要，在人行道和行车道分界处设置汽车行人分隔护栏。护栏的主要作用在于封闭沿线两侧，不使人畜与非机动车辆闯入公路；诱导视线，起到一些轮廓标的作用，使车辆尽量在路幅之内行驶，并给驾驶员以安全感；同时还具有吸收碰撞能量，迫使失控车辆改变方向，并使其恢复到原有行驶方向，防止其越出路外或跌落桥下的作用。

桥梁护栏按设置部位可分为桥侧护栏、桥梁中央分隔带护栏和人行、车行道分界处护栏；按构造特征可分为梁柱式护栏、钢筋混凝土墙式护栏、组合式护栏和缆索护栏等。缆索护栏是一种以数根施加初张力的缆索固定于立柱上而组成的结构。按防撞性能不同，有刚性护栏、半刚性护栏和柔性护栏之分。

桥梁护栏的形式选择，首先应满足其防撞等级的要求，避免在相应设计条件下的失控车辆跃出；其次应综合考虑公路等级，桥梁护栏外侧危险物的特征，美观、经济性，以及养护维修等因素。

第三节　混凝土简支梁桥

一、混凝土简支板桥的构造

板桥因其在建成后外形上像一块薄板，故习惯称为板桥。从结构静力体系来看，板桥可以分为简支板桥、悬臂板桥和连续板桥。

（一）整体式简支板桥的构造

整体式板桥一般做成实体式等厚度的矩形截面，为了减轻自重也可做成肋板式截面。

整体式简支板桥桥面净宽依据路线标准而定，一般使用跨径在 8 m 以下，其桥面宽度往往大于跨径。在荷载作用下，桥面板实际上是双向受力状态，即除板的纵向中部产生正弯矩外，横向也产生较大的弯矩。当桥面板宽较大时，除配置纵向的受力钢筋外，尚应计算配置板的横向受力钢筋。

整体式板桥行车道的主钢筋直径应不小于 10 mm，间距应不大于 200 mm，一般也不宜小于 70 mm；分布钢筋直径不小于 8 mm，间距不应大于 200 mm，并且在单位板长的截面面积一般不应少于板的截面面积的 0.1%。

保证混凝土结构在设计年限内具有足够的耐久性的决定性因素是混凝土内的钢筋不被腐蚀。理论和实践均表明，钢筋腐蚀与混凝土保护层厚度和密实性有很大的关系。一般环境下板的最外侧钢筋与板缘间的净距（即保护层厚度）应不小于 20 mm；设置钢筋网时，钢筋网片的混凝土保护层厚度不得小于 25 mm。

（二）装配式简支板桥的构造

装配式简支板桥的横截面形式主要有实心板和空心板两种。

1. 矩形实心板桥

矩形实心板具有形状简单、施工方便、建筑高度小等优点，一般使用跨径为 1.5 ~ 8 m，板高为 0.16 ~ 0.36 m，常用的桥面净空有净 –7、净 –9 两种。

2. 空心板桥

当跨径增大时，便采用空心板截面，其不仅能减轻自重，而且能充分利用材料。空心板的开孔形式。

3. 装配式板桥的横向连接

装配式板桥的板块之间必须采用横向连接构造，以保证板块共同承受车辆荷载。常用的横向连接方式有企口混凝土铰连接和钢板焊接连接。

二、混凝土简支梁桥的构造

混凝土肋梁桥因它在横截面上具有明显的肋形结构而得名。其具有受力明确、构造简单、施工方便等优点，能适应弯、坡、斜桥，是中小跨径桥梁中应用最广泛的桥型。

简支梁桥的上部构造由主梁、横隔梁、桥面板、桥面系等部分组成。主梁是桥梁的主要承重结构；横隔梁保证各根主梁相互结成整体，以提高桥梁的整体刚度；主梁的上翼缘构成桥面板，组成行车（人）平面，承受车辆（人群）荷载的作用。这类桥梁可采用整体现浇和预制装配两种不同的方式进行施工。

（一）整体式简支 T 形梁桥

整体式梁桥在城市立交桥中应用较广泛，具有整体性好、刚度大、易于做成复杂形状等优点，多数在桥孔支架模板上现场浇筑，个别也有整体预制、整孔架设的情况。

常用的整体式简支 T 形梁桥。在保证抗剪、稳定的条件下，主梁的肋宽为梁高的 1/7 ~ 1/6，但不宜小于 14 cm，以利于浇筑混凝土；当肋宽有变化时，其过渡段长度不小于 12 倍肋宽差。主梁高度通常为跨径的 1/16 ~ 1/8。为了减小桥面板的跨径（一般限制在 2 ~ 3 m），还可以在两根主梁之间设置次纵梁。为了合理布置主钢筋，梁肋底部可做成马蹄形。

整体式简支梁桥桥面板的跨中板厚不应小于 10 cm。桥面板与梁肋衔接处一般都设置承托结构，承托长高比一般不大于 3。

（二）预制装配式简支 T 形梁桥

装配式简支梁主梁的横截面形式。

装配式 T 形梁桥是目前使用最为普遍的结构形式，其优点是制造简单、整体性好，接头也方便。

（三）组合梁桥

组合梁桥也是一种装配式的桥跨结构，即用纵向水平缝将桥梁的梁肋部分与桥面板（翼板）分隔开来，使单梁的整体截面变成板与肋的组合截面。施工时，先架设梁肋，再安装预制板（有时采用微弯板以节省钢筋），最后在接缝内或连同在板上现浇一部分混凝土使结构连成整体。

三、混凝土简支梁桥施工工艺

（一）模板与钢筋加工

1. 模板

桥梁施工的模板主要有木模板、钢模板、钢木组合模板。为节省钢木材料，也应因地制宜使用土模或砖模来制梁。按模板的装拆方法可分为零拼式模板、分片装拆式模板、整体装拆式模板等。

木模板由紧贴混凝土表面的壳板、支承壳板的肋木和立柱或横挡组成。壳板可竖直拼装或水平拼装。壳板的接缝可做成平缝、搭接缝或企口缝。在采用平缝拼接时，要在拼缝处衬压塑料薄膜或水泥袋纸以避免漏浆。为增加木模板的周转次数并方便脱模。在壳板面上加钉一层薄铁皮。壳板的通常厚度为 20～50 mm；宽度为 150～180 mm，不应超过 200 mm。过薄与过宽的板易于变形。肋木、立柱或横挡的尺寸要凭经验或计算确定。肋木的间距通常为 0.7～1.5 m。

2. 钢筋加工

钢筋工作的特点是加工工序多，包括钢筋整直、切断、除锈、弯制、焊接或绑扎成型等，而且钢筋的规格和型号尺寸也比较多。钢筋的加工质量和布置在浇筑混凝土中后无法检查，因此，要严格控制钢筋的施工质量、做好钢筋加工的准备工作。

对绑扎钢筋的安装，要事先拟定安装顺序。梁肋钢筋先放箍筋，再安下排主筋，后装上排钢筋。在钢筋安装中，为保证达到设计及构造要求，要重视下列几点：①钢筋的接头要按规定要求错开布置。钢筋的交叉点使用铁丝绑扎结实，也可使用电焊焊接。②除设计有特殊规定外，梁中箍筋应与主筋垂直；箍筋弯钩的叠合处，梁中应沿纵向置在上面并交错布置。③为保证混凝土保护层的厚度，要在钢筋与模板间设置水泥浆块、混凝土垫块或钢筋头垫块。垫块应错开设置，不贯通截面的全宽。④为保证固定钢筋相互间的横向净距，两排钢筋间用混凝土分隔块或短钢筋扎结固定。⑤为保证钢筋骨架有较强的刚度，可增加装配钢筋。

（二）混凝土施工

1. 混凝土的拌制

混凝土通常采用机械拌合，上料的顺序是石子→水泥→砂子。人工拌合用在少量混凝土工程的塑性混凝土或半干硬性混凝土。不管机械还是人工搅拌，均要使石子表面包满砂浆，拌合料往合均匀、颜色一致。人工拌合要在铁板或不渗水的平板上进行，先把水泥和细骨料拌匀，加入石子和水，拌到材料均匀、颜色一致为止。如掺添加剂，要把添加剂调成溶液，之后加入拌合水中，与其他材料拌匀。在施工过程中，应随时检查和校正混凝土的流动性或坍落度，控制水灰比，不可随意增加水量。应重视拌合时间，不能过长，不然会产生混凝土拌合物的分离现象。

为提高干硬或半干硬性混凝土的和易性，减小混凝土的单位用水量，提高其强度，节约水泥用量，也可在混凝土中掺加减水剂。掺加减水剂的种类、数量和方法一定通过试验确定。

2. 混凝土的运输

要以最少的转运次数、最短的距离迅速从搅拌地点运往浇筑位置。要避免混凝土因颠簸振动而出现离析、泌水和灰浆流失状况。如果混凝土自高处倾落，要避免离析，其自由倾落高度不可超过 2 m；超过时要采用溜管、溜槽或串筒输送；倾落高度大于 10 m 时，串筒内要附设减速叶片。

3. 混凝土的浇筑

浇筑方法直接影响混凝土的密实度和整体性，这对混凝土的质量关系较大。要根据混凝土的拌制能力、运距与浇筑速度、气温及振捣能力等因素，科学制定混凝土的浇筑方法。

在构件的高度或厚度较大时，为保证混凝土能振捣密实，要运用分层浇筑法，混凝土按一定厚度、顺序和方向分层浇筑，在下层混凝土初凝或能重塑前浇筑完成上层混凝土。上下层同时浇筑时，上层与下层前后浇筑距离要保持在 15m 以上。

4. 混凝土的振捣

混凝土的振捣包括人工振捣和机械振捣。前者适用于坍落度大、混凝土数量少或钢筋过密部位的场合。大规模的混凝土浇筑必须使用机械振捣。混凝土振捣设备有平板式振捣器、附着式振捣器、插入式振捣器等。

平板式振捣器用于大面积混凝土施工桥面、基础等；附着式振捣器是挂在模板外部振捣，通过振动模板来振捣混凝土，对模板要求较高，且振动的效果不是太好，一般用于薄壁混凝土构件，如梁肋部分等；插入式振捣器一般用软管式，只要构件断面有足够的位置插入振捣器，而钢筋又不太密时能采用，其效果比平板式及附着式要好。在选用振捣器时对石料粒径较大的混凝土，选用频率较低、振幅较大的振捣器效果较好。

混凝土每次振捣的时间过短或过长均有弊病，通常以振捣至混凝土不再下沉、无大量气泡上升、混凝土表面出现薄层水泥浆、表面达到平整为适度。在用附着式振捣器时，因振捣效率较差，用插入式振捣器效果较好；在用平板式振捣器时。在每个位置上的振捣时间为 25 ~ 40 s。

5. 混凝土的养护及模板拆除

在温度低于 15℃时，混凝土的硬化速度减慢，在温度降至 -2℃时，硬化基本上停止。气候干燥时，混凝土中的水分迅速裁发，使混凝土表面剧烈收缩而形成裂缝；在当游离水分全部蒸发后，水泥水化作用停止，混凝土停止硬化。所以，混凝土浇筑后要适当地养护，保持混凝土硬化发育需要的温度和潮度。

在桥梁雄工中自然气温条件下（5℃以上）的自然养护为最佳。在混凝土终凝后，在构件上覆盖草袋、麻袋、稻草、塑料薄膜或砂子。经常洒水，保持构件处在湿润状态。自然养护法的养护时间与水泥品种和是否掺用塑化剂有关。用普通硅酸盐水泥的混凝土为 7 ~ 10 d 以上；用矿渣水泥、火山灰质水泥或掺用塑化剂的为 14 ~ 16 d 以上。每天洒水的次数以能使混凝土保持全面潮湿为宜。在温度高于 15℃时，前 3 d 内白天每隔 1 ~ 2 h 浇水 1 次，夜间至少浇水 2 ~ 4 次，在以后的养护期间内逐渐减少；干燥气候或大风天气要适度增加浇水的次数。覆盖塑料薄膜能阻断水分蒸发，可不浇水。

自然养护法是一种经济的方法，而混凝土强度增长较慢、模板占用时间也长，尤其当低温下（5℃以下）不可采用。为加快模板周转和施工进度，可运用蒸汽法养护混凝土。

混凝土经养护后，在强度达到设计强度的 25% ~ 50% 时可拆除梁的侧模；实现设计吊装强度不低于设计强度等级的 70%，可起吊主梁。

6. 冬期施工的技术措施

在保证混凝土易性的条件下尽可能减少用水量，采用较小的水灰比，能促进混凝土的凝固速度，抵抗混凝土的早期冻结。延长拌合时间，比一般条件下增加

50%～100%，可使水泥的水化作用加快，使水泥的发热量增加以迅速凝固。采用活性较大、发热量较高的快硬水泥、高强度等级水泥拌制混凝土。把拌合水、骨料加热，提高混凝土的初始温度，使混凝土在养护开始前不结冻。掺用早强剂，加速混凝土强度，降低混凝土内水溶液的冰点，避免混凝土早期冻结。用蒸汽养护法、暖棚法、蓄热法和电热法等提高养护湿度。

第六章　桥梁工程项目管理

第一节　桥梁工程安全性检测管理

城市桥梁作为重要的城市基础设施，采取标准化管理是照章办事、规范程序、提高质量、增强效能的有效途径。在桥梁建筑的发展中，桥梁试验检测发挥了重要作用。通常桥梁原型结构开展的试验多属于检验性、验证性试验，目的是通过试验掌握桥梁结构在试验荷载作用下的实际工作状态，判定桥梁结构的承载能力和安全性能，检验设计与施工质量。上述所谓桥梁原型试验也称为桥梁安全性检测，桥梁安全性检测可分为结构检测、荷载检测。

一、桥梁结构的安全等级

桥梁结构工程应根据结构破坏可能产生的后果（危及人的生命、造成经济损失、对社会或环境产生影响等）的严重程度，采用不同的安全等级。而结构可靠度水平应根据结构构件的安全等级、失效模式和经济因素等确定。因此，对结构的安全性和适用性可采用不同的可靠度水平。

（一）可靠度与设计使用年限

桥梁结构可靠性是指结构在规定的时间内，在规定的条件下，完成预定功能的能力。结构可靠度是对可靠性的定量描述，即结构在规定的时间内和规定的条件下，完成预定功能的概率。所以，桥梁结构的使用维护应使结构在规定的设计使用年限内，以适当的可靠度且经济的方式满足规定的各项功能要求，而桥梁结构或构件的设计使用年限通常为不需进行大修即可按预定目的使用的年限。

在桥梁设计使用年限内，考虑桥梁结构应以可靠度适当且经济的方式满足以下各项功能要求，如能承受在施工和使用期间可能出现的各种作用；保持良好的使用性能；具有足够的耐久性能；当发生火灾时，在规定的时间内可保持足够的承载力；当发生爆炸、撞击、人为错误等偶然事件时，结构能保持必需的整体稳固性，不出现与起因不相称的破坏后果，防止出现结构的连续倒塌。桥梁结构所处的环境对其耐久性有较大影响时，应根据不同的环境类别选取结构材料、设计构造、防护措施、施工质量要求等，并应制定结构在使用期间的定期检修和维护制度，使结构在设计使用年限内不因材料的劣化而影响其安全或正常使用。

（二）桥梁结构安全等级

桥梁工程结构设计时，应根据结构破坏可能产生后果的严重程度，即危及人的生命、造成经济损失、对社会或环境产生影响等，考虑采用不同的安全等级。安全等级划分如表 6-1 所示。

表 6-1　桥梁结构的安全等级

安全等级	破坏后果
一级	很严重
二级	严重
三级	不严重

桥梁结构中各种构件的安全等级一般宜与结构安全等级相同，但对其中部分结构的安全等级可进行调整，等级调整不得低于三级。而可靠性水平即可靠度的设置是根据结构安全等级、失效模式和经济因素等确定。所以，在工程设计过程中，为保证工程结构具有符合规定的可靠度，除应进行必要的设计计算外，还应对结构的材料性能施工质量、使用和维护等进行相应的控制。就桥梁运行阶段来讲，桥梁结构应按设计规定的用途使用，定期检查结构状况，并有计划地进行维护和维修。当需要变更其用途时，应进行设计复核和采取必要的安全措施。

二、桥梁结构安全性检测

桥梁建成竣工后，作为重要的桥梁结构，应通过桥梁检测验证施工质量与结构性能，判定桥梁结构的实际承载能力，为桥梁工程验收、投入运行提供科学的依据。既有桥梁结构在运行期间，由于受水灾、地震等自然灾害而损伤，或因设计施工不当而产生严重缺陷，或因使用荷载大幅度增大而超过设计荷载等级，或在加固改造完成之后、重新开通之前，可通过桥梁检测来评估其使用性能和承载能力。

而这对于缺乏完整技术资料的旧桥更为必要。

（一）安全性检测的重要意义

1. 实行预测、预报、预防

桥梁安全运行管理的重点之一，就是通过检查检测与健康监测，对桥梁关键部位或重要构件的退化等危险性进行预测、评估，达到预防为主的目的。采取有效对策，控制及消除这些隐患，有效地对桥梁通行、维护和加固过程的系统安全进行预测、预报、预防，以获得最佳的桥梁安全运行效果。

桥梁检测和评估是城市桥梁养护管理程序中的重要环节，目的是对桥梁"进行体检及诊断"，在采集检测数据的基础上进行桥梁技术状态评估分析，确定其基本的物理性能和功能状态。而每一轮所取得的周期性的桥梁检测评估数据必然成为桥梁管理信息系统的主要管理对象，这些数据的分析和积累，可以为管理人员提供桥梁的正常状态或退化趋势的连续记录，使得桥梁管理人员能够真实地掌握桥梁结构是否损坏或功能等级是否降低等情况，必要时可采取相应的养护维修措施，消除隐患，提高运行安全度，保障城市公共运输安全。

通过对桥梁的检测与评估，也可以发现服役多年的桥梁存在的各类缺陷，判定损伤部位的损伤程度及实际承载能力。比较全面的桥梁检测还可以提供主要构件及材料退化程度的信息，用于分析退化形成的原因与退化对桥梁构件的影响程度，达到跟踪结构与材料的使用性能变化的目的，使桥梁维修计划更具有针对性，有利于确定维修和加固计划安排的次序，提高效率，降低维修成本。同时，还可以了解车辆和交通量的改变给桥梁运行带来的影响。原来按旧标准规定的荷载等级设计建造的桥梁，需要根据检测评估结果，确定桥梁现有的承载能力，以采取相应的管理维护措施，如限载或加固提高技术等级。

2. 为养护管理决策提供依据

随着现代化工业及城市建设的发展，特大型工业设备、集装箱运输逐渐频繁，超重车辆过桥也同样需要通过检测与评估，确定过桥可行性，并为临时加固提供技术资料。桥梁遭受特大灾害时，如因地震、洪水等受到严重损坏或在建和使用过程中发现严重缺陷等（如质量事故、过度的变形和严重裂缝以及意外的撞击受损断裂等），均应通过检测评估为桥梁修复加固提供可靠依据。

3. 确定安全性检测的步骤

桥梁检测的内容比较多，涉及很多方面。如按建设周期来分，桥梁检测可分为施工阶段监测、成桥验收检测及运行期检测。桥梁运行期安全性检测应包括常规定期检测、结构定期检测、特殊检测。具体实施检测可分为三个步骤，即规划与准备、测试与观测、分析与总结。

　　桥梁检测前，按常规应进行必要的规划与准备工作。这项工作包括委托专业检测单位检测，一般由相应资质的专业检测单位承担。首先，桥梁监管部门应制定年度检测计划，明确桥梁检测的类型，并做出先后检测的时间安排；同时考虑到某些桥梁可能需要在特定时间检测，如干燥季节、恶劣天气或交通繁忙时间，才能反映出其在运行极限状态下的结构表现，以便做出先后检测的时间安排。检测单位应注意收集待查桥梁的相关资料，并保证其完整性，如桥梁的地质资料、水文资料、设计资料、竣工验收资料，桥梁历次检测资料以及桥梁重大维护、加固、改善或改扩建资料。桥梁检测中使用的计量仪器应由政府法定或授权的计量技术机构进行定期检定校准。此外，需检查桥梁现状如桥面系、承重结构构件、支座、墩台基础等部位的外观情况。

　　测试与观测是整个桥梁检测工作的中心环节。这是在各项准备工作就绪的基础上，按照预定的检测方案与程序，采用各种试验仪器，观察试验结构受力后的各项性能指标，如挠度、应变、裂纹宽度，加速度等，并采用人工记录或仪器自动记录手段记录各种观测数据和资料。通常常规定期检测是采用目测与无损检测相结合的方法；结构定期检测往往基于日常检查和常规定期检测结果，借助专业的鉴定技术和设备进行测试的方法；特殊检测是依据一定的物理、化学检测手段，并辅以现场和实验测试等特殊手段对桥梁及构件进行详细检测和综合分析。桥梁观测主要是对特大桥、特殊结构桥梁和单孔跨径60m及以上的大桥，要求设置永久性观测点，必要时大、中桥也应设置永久性观测点。新建桥梁交付使用前，建设单位也应在竣工时设置便于观测的永久性观测点。观测点的编号、位置（距离、标高和地物特征）和竣工测量数据，均应在竣工图上标明，作为竣工资料予以归档。

　　检测工作结束之后，检测单位将对原始测试资料进行综合分析与总结。原始测试资料包括大量的测试数据、文字记载和图片等，受各种因素影响，一般显得缺乏条理性与规律性，未必能深刻揭示试验结构的受力行为规律。因此，应对这部分原始测试资料进行科学的分析处理，去伪存真、去粗存精、由表及里，综合分析比较，从中提取有价值的资料。检测取得的数据或信号，有时还需按照数理统计方法进行分析，或依靠专门的仪器或软件进行分析处理。测试数据经分析处理后，应按照相关规范、规程以及检测的目的要求，对桥梁结构做出科学的判断与评价。这项工作直接反映整个检测工作的质量，将最后体现在所提交的桥梁检测报告中。现场记录资料及检测报告应有必要以电子文档和书面文档两种形式，提供给委托单位或管理部门，并归还桥梁检测委托机构提供的原始资料。

桥梁检测报告应包括桥梁的基本信息，如桥梁的概况，包括工程名称、工程地点、建造年代、结构类型、跨径布置和横向布置、材料类型和强度、荷载等级、允许车速、历史检测记录、加固维修记录、设计安全等级、设计使用年限、环境类别等；以及检测目的、内容、依据和方法。检测内容应包括检测日期及时间、检测结果、检测数据分析与结论等；以及报告的日期、主要人员和检测单位的签章（字）。附录应提供计算资料，试验数据图表、试验现场和结构检查的照片及必要的影像资料等。

4. 制定专项安全措施

桥梁检测的过程中，还应结合具体检测项目的工作特点和环境条件，制定专项的安全措施，并在检测区域设置明显的标识并采取必要的隔离措施，避免检测时发生安全事故。通常要求与检测无关的人员未经许可，不得进入检测区域内。检测人员应着专用工作服或有警示标志的反光标志服，应戴安全帽。需占用车道、航道进行检测时，应先征得相关管理部门的许可，同时必须设置明显的交通封闭、航道封航或引导标志。夜间作业必须配备足够的照明和警示设备。高空作业、攀登作业、水上作业应符合有关高空作业、攀登作业、水上作业的安全规定。检测所用的电器、电缆必须有良好的绝缘效果，电动工具应有漏电保护开关，严格按照安全用电的规定作业。检测设备在进行安装调试或检测时，必须有安全保护装置。荷载试验时，桥上及周边环境不得有交通干扰。

（二）安全性检测的形式

1. 常规定期检测

常规定期检测一般由城市桥梁监管机构或授权管理单位组织的专职桥梁管养技术人员或桥梁工程技术人员负责，检测负责人要求由具有中级或以上职称，具备 5 年以上的城市桥梁养护或设计工作经验的桥梁结构工程师担任。检测人员不得少于 5 人，并需制定相应的定期检测计划和实施方案。检测周期应根据城市桥梁实际运行状况、结构类型和周边环境等因素确定，并不应超过 1 年。常规定期检测以外观观测为主，观测内容包括桥面系及附属设施、支座装置、桥梁上部及下部结构。

（1）桥面系及附属设施的观测内容

桥面铺装层纵、横坡是否顺适，桥头有无跳车；桥面有无脱皮露骨、骨料松散、泛油裂缝破碎、坑槽、洞穴、波浪、防水层漏水；桥头搭板是否完好，是否出现滑移、开裂、混凝土碎烂、局部坑洞，台背是否下沉、开裂、倾斜。伸缩装置是否平整、顺直、伸缩自如，是否有异常变形和响动、松动、破损、脱落、漏水，是否嵌入杂物；槽口铺装层是否啃边，是否造成明显的跳车。排水系统桥面、桥头引道排水是否顺畅；泄水口、收水口或收水井泄水管是否破坏、损伤脱落、堵塞。人行道铺装、路缘石、平石是否完整，有无严重的裂缝（网裂、纵横裂缝）碎烂、残缺、塌陷等。栏杆、护栏防撞墙、防撞墩是否完整、牢固、有无撞坏、断裂、错位、松动、缺件、锈蚀、剥落等。桥梁绿化设施结构是否完好、牢固；支架是否锈蚀、变形脱落；花盆是否锈蚀、开裂、失稳、坠落；外饰面板是否松动、脱落；绿化排水系统是否完整排水顺畅，有无漏水现象，是否生长可能影响桥梁结构的植物。防护网、隔音屏、隔离带是否完整，是否锈蚀、破损、断裂、松动、缺失、剥落。

（2）桥梁上部结构的观测内容

钢筋混凝土结构是否有裂缝、剥落、渗水、空洞、露筋、蜂窝麻面、表面沉积和钢筋锈蚀等情况。预应力混凝土梁锚固端的封端混凝土是否有裂缝、剥落、渗漏穿孔，预应力钢束锚固区段混凝土有无开裂，沿预应力筋的混凝土表面有无纵向裂缝等。钢结构涂层是否出现老化、膨胀和脱落；构件是否生锈，有无扭曲、异常变形，节点是否滑动错裂，焊接断面有无削弱和裂纹，铆钉和螺栓是否松动、脱落。砖石结构砌缝是否开裂，灰浆是否脱落；砖石材料有无风化、剥落和裂缝，砌体是否有鼓肚变形；砖石结构表面是否长有苔藓，砌缝中是否植物丛生。木结构有无腐烂、顺纹裂纹及磨损；接全点、榫头和支承处是否松动，连接螺栓或钉是否锈死。组合结构除检查钢结构和混凝土结构桥梁内容外，应着重检查联结面的安全。

（3）支座装置的观测内容

钢板滑动支座和弧形支座是否干涩、锈蚀；辊轴支座轴承有无裂缝，辊轴是否出现不允许的错位。简易支座油毡是否老化、破裂；拉压支座拉力螺栓是否完好；摆柱支座各部件相对位置是否正确，受力是否均匀。四氟滑板支座是否老化、变形、移位；盆式橡胶支座固定螺栓是否剪断损坏，螺母是否松动。橡胶支座是否老化、移动、变形；活动支座是否灵活，实际位移量是否正常；球形支座是否灵活、有效。

（4）桥梁下部结构的观测内容

墩台顶面是否清洁，伸缩缝处是否漏水，有无滑动、倾斜、下沉，台背填土有无沉降或挤压隆起。混凝土墩台及帽梁有无风化、开裂、剥落、露筋等，横系梁连接处是否开裂、破损；石砌墩台有无砌块断裂通缝脱开、变形，砌体泄水孔是否堵塞，防水层是否损坏；墩台防震设施是否有效。基础下是否发生不允许的冲刷或淘空现象，扩大基础的地基有无侵蚀，桩基顶端在水位涨落、干湿交替变化处有无冲刷磨损、颈缩露筋，是否受到污水、咸水或生物的腐蚀。锥坡和引道挡墙应检查是否完好，有无砌块断裂、混凝土剥离脱落、通缝脱开、变形，砌体泄水孔是否堵塞。调治构造物应检查是否完好，功能是否适用，桥位段河床是否有明显的冲淤或漂浮物堵塞现象。

2. 结构定期检测

结构定期检测是保障桥梁结构安全的检测，目的是评定桥梁结构的耐久性和安全性（或承载能力等）。结构定期检测往往基于日常检查和常规定期检测的结果，借助专业的鉴定技术和设备，进一步确定病害的程度和影响，量化结构的退化程序，并认定病害原因和推荐适当的维护措施，包括养护、维修、加固措施或建议特殊检查。

3. 特殊检测

桥梁承载力检测是在特殊情况下的特殊检测，如火灾、水灾、地震或事故损伤，或满足管理的特别需求（荷载提级、通行重车等），由检测单位专业人员采用一定的物理、化学检测手段，并辅以现场和实验测试等特殊手段对桥梁及构件进行详细检测和综合分析目的是查明桥梁重大病害的原因，破损程度及范围，实际承载能力，分析损坏所造成的后果以及潜在缺陷可能给结构带来的危险，以便采取维护措施。其一般由现场检查和实验室测试分析两大部分组成，包括材料检测、计算分析评估和荷载试验。

4. 安全性检测评估

桥梁结构安全性评估的核心是建立一个模型，按桥梁试验测试规范采集得到技术数据（主要是定期检测），并对这些数据进行分析处理，获得能够用于桥梁评估的参数，从而进行桥梁使用状态的综合评估。

第二节　桥梁工程健康监测管理

现代测试与传感技术、网络信息技术、信号处理与分析技术、损伤识别理论以及结构分析理论的飞速发展，使桥梁结构健康监测登上了桥梁运行管理的历史舞台。这项独特的监测技术可以弥补原来人工检测桥梁的不足。而二者配合可达到对桥梁结构全面、实时、客观的监测效果，为桥梁结构的安全运行、科学养护提供可靠保障。

一、健康监测系统应用

桥梁健康监测是一门新兴的科学和技术，由于受种种测试技术和诊断水平限制，目前在系统的规划和实施中还存在一定的问题需要研究解决。首先，在实施之初必须对系统的总体规划和布局进行缜密的研究和考虑，这包括必须有一整套实用且有效的算法支持，以优化结构测试项目和测点布置，并且建立一个较为完备的数据存储和管理查询系统，以妥善处理和利用大量的监测数据与各种有效信息。选择并优化适用于桥梁结构检测的专用传感器，做到使用尽可能少而精度高的传感器来获取尽可能多的结构健康信息。在集中结构整体性和损伤识别信息的基础上，需要提炼对结构性能改变较为敏感的若干重要参数，用于对桥梁整体安全评估，并从定性到定量。

桥梁健康监测也是一项正在发展和需要完善的技术，应以稳定可靠、简便实用、经济合理为主要设计原则，兼顾考虑设计验证和科学研究的需求。实际应用时，一般系统主要由两个部分组成，即在线监测系统和人工监测系统。这两个系统互为补充，共同实现上述设计原则。而该两大系统又由许多相应的子系统组成，例如系统规模、系统测试、信息处理、系统集成等，这些都涉及系统建成后的服务质量和水平，即能否长期维持，能否很好使用并且对桥梁的安全做出准确评估。

其中，在线监测系统在选用传感器与采集装置时，要综合考虑监测要求和经费预算等多方面因素合理选择，传感器布设应根据工作环境考虑一定程度的冗余，宜优先选用技术成熟可靠的产品；系统其他硬件应具备适当的保护措施与维修替换性，使用寿命应不低于系统预设使用寿命；软件应与硬件匹配，具有兼容性、易扩展性、易维护性与较好的人机交互功能，且能长期稳定运行。同时，此系统还应充分考虑与桥梁施工监控、成桥荷载试验等的关联性，并与桥梁信息管理系统相连，使之能充分发挥其功能，真正使健康监测服务于桥梁监管。

桥梁健康监测系统自身也存在使用期限及寿命的问题。频繁使用或长期处于恶劣多变环境中的电子设备，其损坏的可能性极大。因此，在规划时需要针对新建桥梁和在役桥梁划分不同阶段实施。前者因主要监测一些突发性事故（地震、船舶撞击）下的响应，故只需在若干关键部位布设测点；后者则必须对已出现病害部位进行有针对性的监测，这种分阶段实施的做法，既可保证监测系统发挥其应有的作用，也可保证对关键部位监测数据的延续性，以节省投入。

（一）子系统组成

不同的监测系统可以由不同的子系统组成，从国内已建成的桥梁健康监测系统来看，大致应有：传感器子系统、数据采集与预处理子系统、远程通信子系统、桥梁健康信息显示子系统、数据库管理子系统和安全预警子系统六个组成部分。

（二）传感器优化布置和类型

传感器是指能感受规定的被测量并按照一定规律转换成可用信号的器件或装置，通常由敏感元件和转换元件组成。而传感器的优化布置是将尽可能少的传感器布置在结构的适当位置，使其能够感知、监测外部环境和自身结构的变化，以达到某一特定目标的过程。

1.传感器优化布置

首先，传感器类型的选择。桥梁结构健康监测系统根据项目具体的要求和现场运用条件，综合考虑"监测信息全面、信号质量稳定和经济合理"的因素，来选取传感器的种类和数量。而传感器在系统中，主要用于监测三类参数：一是诸如风、地震和车辆荷载；二是诸如应变、位移倾角和加速度等结构响应；三是包括温度、相对湿度、雨和腐蚀等环境因素。上述三种不同的参数须选择相应的传感器。要求传感器在服役期间具有良好的稳定性和抗干扰能力，与监测系统具有同样服役寿命，并根据所需监测参数来选取传感器的灵敏度和量程范围，以及相应频率响应特性。

其次，选取的传感器应具有稳定的线性度、分辨率，且不应低于所需监测参

141

数的最小单位量级。根据监测参数要求，应选用精度等级满足要求的传感器，满足结构实际使用的环境因素，且应便于维护和更换。

传感器布置的原则是能全面、精确地获取所选择位置的结构参数的信息，且其有较好的抗干扰性能，测得的模态信息能够与有限元分析的结果保持良好的吻合度，并可通过合理添加测点对感兴趣的部分模态进行数据重点采集。另外，考虑到所选的位置测得的响应宜对结构参数的变化较为敏感，可将传感器布置在结构反应最不利位置或已损伤位置。同时，应方便安装和更换传感器，尽量缩短信号的传输距离，使测量结果具有良好的可视性和鲁棒性。

2. 常用传感系统布置类型

常见的桥梁健康监测传感系统的布置可以分为三个层次，即全效型、实用型及精简型。数据采集与传输系统、数据处理与控制系统、结构运营状况评估系统、软件系统等，将根据这三个层次分别设计。

二、桥梁结构损伤识别

损伤是引起结构性能降低的结构状态的不利变化。损伤识别是利用结构的响应数据来分析结构模态参数、物理参数的变化，从而识别结构损伤的过程。目前，有关数据处理和损伤识别这项工作还停留在比较初级的阶段，无论在对结构周边环境不确定性的认知方面，判别信号传递引起的系统误差方面，还是采集到的信号对结构损伤并不敏感等方面，都有大量的研究和改进工作要做。

（一）结构损伤识别的常用方法

1. 静力参数法

可采用结构刚度（包括结构单元刚度）位移、应变、残余力、材料参数（如弹性模量、单元面积或惯性矩）等作为损伤指标。静力参数法通常在单元层次上，利用参数的残差分析来识别损伤。在静力荷载作用下测得的挠度、应变等比较直观，也是结构状态评估目前普遍使用的方法。

2. 动力参数法

可采用频率比、振型变化、振型曲率应变模态振型、MAC、COMAC 柔度曲率、模态应变能、里兹向量等来构建损伤指标。结构的模态参数（模态频率、振型等）反映了结构固有的动力特性，是结构物理参数的函数。结构发生损伤后，结构的刚度（或质量、连接条件、边界条件等）将发生改变，从而使结构的模态参数发生相应变化，因此可以根据结构动力参数的变化来辨识结构的损伤。典型的动力参数法是将观察到的动力参数改变与基准参数比较，并选择其中最有可能的改变来判断结构的真实状况。

3. 模型修正法

这是常用的损伤识别方法，可采用矩阵型修正方法、基于参数灵敏度修正方法及随机模型修正方法等。模型修正是利用结构实测数据（一般是模态参数）来修正结构的初始理论模型，使修正后的结构模型的响应与结构的实测响应相一致。而用模型修正法进行损伤识别时，应把有限元基准模型作为结构的初始理论模型，把损伤后的结构响应作为结构实测数据修正后的结构模型，其与初始基准模型的差异即为结构损伤。

（二）结构安全性评估

安全性评估是通过各种可能的测试手段，分析结构当前的工作状态，并与其临界失效状态进行比较，评定其安全等级。要正确判断一座桥梁是否满足荷载等级要求，评定当前的工作状态，就必须对桥梁的结构性能做出准确的评定。当前采用的方法大致可归纳为外观调查评定法、设计规范评定法、荷载试验评定法。

1. 外观调查评定法

外观调查评定法是根据外观调查进行评定的方法。有经验的桥梁技术人员对既有桥梁进行全面检测，并用文字描述和定量检测结果对桥梁质量进行分类、评定。目前该评定法在评分标准、方法上已有大量研究，但此类评定技术的主要依据仍是大量的定性信息，在相当程度上取值依赖于评定工程师自身的经验，而且无法发现桥梁隐蔽的缺陷。

2. 设计规范评定法

设计规范评定法是根据设计规范的规定，通过实测材料性能、结构几何尺寸、支承条件、外观缺陷及通行荷载，依据桥梁结构的计算理论来评定承载力。由于设计理论的结构力学模型与实际受力状况有差别等原因，该评定法难以反映结构的实际性能。

3. 荷载试验评定法

荷载试验评定法是在桥梁进行现场荷载试验后，结合理论分析手段，对桥梁进行诊断识别，建立桥梁结构的实际工作模型，根据这个模型确定桥梁的实际承载能力，利用现场测试技术，可以获得一部分桥梁结构的确定信息，从而减少评定工作中的不确定性因素。由于结构识别过程与获取的结构信息密切相关，如要获取比较符合实际的计算模型，必须获取足够的信息。

第三节　桥梁接管与检查考核管理

一、桥梁接收与移交的原则

桥梁的建设通常由建设单位组织进行设计、施工及监理等单位进行建造，在桥梁建成后，建设单位一般不负责对桥梁进行管养，这时便需要专业的管养机构接收已建成的桥梁进行管养。当桥梁设施原有管养单位，因故需移交给其他单位时，也存在接收与移交的情形。

若桥梁移交手续不完善、移交内容不彻底、移交资料不完整，将会造成桥梁管养单位对桥梁结构形式、设施类型、数量、土地红线范围、既有地下管网、附属设备用途及使用方式等方面均不完全了解的后果，导致管养机构只能凭经验进行检测、维护、使用，就不能保障桥梁设施安全运行。只有按照完整的移交流程对桥梁及其附属设施进行移交，才能为桥梁日后的管养提供重要的基础资料，因此就需要桥梁的建设方（原管养方）和接管方之间进行完善桥梁移交。

为了更高效地完成移交工作双方宜成立各自的移交机构，接收方机构内成员应熟悉本工程建设、施工的过程，了解监理在本工程中具体起的作用与工作，熟悉设计方设计本项目的理念等，移交方机构应多与接收方保持联系以便尽快熟悉接收方移交流程的要求。移交机构能领导推动工程验收和移交管理工作，协调工程验收和移交过程中的重大问题，负责有关工程验收和移交中的信息处理工作，督促工程验收和移交中所发现问题的整改落实，协调政府质量监督部门的工作，组织各方进行项目移交等相关工作，双方移交机构的成立将会更顺利完成设工程交工作。

二、新建桥梁移交

（一）工程完成竣工验收

竣工验收是全面考核建设工作，确保项目按设计要求的各项技术经济指标正常使用，这是建设项目建设全过程的最后一个程序，是建设成果转入生产使用的标志。项目应完成工程设计和合同约定的各项内容，要通过公安消防、环保、防雷接地、人防工程、安全设施、特种设备等项目的政府专项验收，并取得相应行政主管部门出具的认可文件。

移交设施应当符合下列条件：①必须符合有关城市专业规划和设计要求并通过竣工验收。②工程竣工技术资料（包括建设文本）必须符合城建市政档案管理要求。③工程竣工资料按照有关要求必须送达接管单位和市政档案馆（其中消防、环境保护评价验收资料可以在工程通过竣工验收之日起一年内送达）。④实行了工程质量保修制度。⑤最终设计的配套附属设施齐全完备。⑥移交开发区、居住区的城市道路、桥梁设施量达到 10 万 m² 或者区域范围达到 1 km²、城市照明区域范围达到 10 km² 的，建设单位应当配备管理用房。

（二）工程竣工资料齐全

竣工资料是指在工程建设过程中形成的各种形式的信息记录，包括工程准备阶段文件、监理文件、施工文件、竣工图和竣工验收文件等，其记载了工程建设的过程与现状信息，并且竣工资料必须满足《建设工程文件归档规范相关要求》（GB/T 50328—2014）。竣工资料能反映施工过程中的各种状态和责任，能够真实地再现施工时的情况，从而找到施工过程中的问题所在，为了便于日后资料查找，设施移交方除必须向相关单位提供竣工资料外，应向管养方提供一套完整竣工资料，在没有验收标准的新技术、新工艺、新材料的使用，在资料移交时应向管养单位明确安全运营的注意事项。建设单位在建设工程竣工验收后，将建设工程竣工验收报告和规划、公安消防、环保等部门出具的认可文件或者准许使用文件报建设行政主管部门备案。

（三）管养资料齐全

管养资料是指不在竣工资料范围内，但接管单位在后期桥梁管养过程中需要的资料，管养资料通常与建设工程无太大联系，却在管养过程中显得至关重要，例如新旧管网位置关系资料，在竣工资料中只有建设工程的新管网资料，缺少建设工程开工之前红线范围内已建管网图，在后续该范围内土地整治过程中，如不知道该区域内管网的布置，将存在破坏原有管网的安全风险。桥梁养护手册等资料对于管养单位开展桥梁日常管养工作也能起到一定帮助。

（四）移交范围明确

桥梁移交前建设单位应提供移交范围红线资料，以便管养单位管养好红线范围内设施及土地。当管辖范围内土地遭遇外界个人或组织侵占时，管养单位可凭借移交范围红线图等资料为依据通知侵占人员撤离该区域，若侵占人员不肯自行撤离管养单位可依靠移交范围资料向相关部门反映追究其相关责任。

（五）验收中发现问题的处理

对验收中发现的质量缺陷、功能性指标不符等情况，由接收方填写各类遗留问题统计表，约定期限由施工单位负责整改，在施工单位对缺陷整改完毕后形成"整改完成报告"经监理等相关单位签认后报接收方进行备案，并商定实践复验。若经复验仍发现存在缺陷问题，通知施工单位继续整改，直到达到设计要求，不存在安全隐患为止。

桥梁移交前应对施工过程中所产生的建筑垃圾、施工模板、其他异物等施工残留物进行清理，因进驻施工面损坏或污染的植被、设施应进行修复，因施工而造成的场地地形变化应进行处理，因进驻施工而遗留在桥梁设施周边的危险源应及时撤离至安全区域，确保桥梁移交时干净清洁安全，并且无危险源。

（六）现场设施点交

设施移交过程中移交双方需要应按专业、按结构对桥梁、路面、机电等移交设施进行一一点交，在设施点交前承建方应携带设施移交清单、施工图、竣工图、设计变更等资料，由管养单位、建设单位、施工单位共同到现场对移交清单内设施进行现场点交，主要确定以下几方面内容：①现场确定设施是否与移交清单相符，土建类设施可以使用测量工具进行尺寸复核。②确定工程量是否与移交清单相符，可以通过人为统计计量进行复核。③设施是否存在缺陷，对于存在缺陷的设施做好记录，以便日后通知施工单位进行整改。④检查交通标志、路灯等附属设施是否符合设施移交清单中相关技术参数，并且现场试验检查设施是否能正常工作。

（七）项目移交注意事项交底

设施移交过程中移交方相关人员应向接收方人员进行管养重难点书面交底，讲清该项工程的设计要求、技术标准、定位方法、几何尺寸、功能作用及与其他工程的关系、施工方法、注意事项和日常维护要点等，尤其要对重要的维修情况、特殊维护方法、特别维护部位等进行交底，使接收方彻底地了解设施状况，以便日后接收方更好地对设施进行管养。

（八）功能检查测试

城市桥梁在移交时应对部分设施进行功能测试验证，根据功能测试用例逐项测试，检查产品是否达到使用、安全要求的功能。桥梁检修桁车、桥梁塔柱升降机等大型机电设备在使用时安全性将直接影响检修人员的人身安全，故在桥梁移交时需对此类设备进行重点功能检查，并出具相应的检测报告。

（九）专项操作培训

桥梁设施的移交涉及较多机电设施。由于管养需要，管养单位内员工应尽快熟悉机电设施的使用及操作方法，移交方与接收方联系日期到指定地点进行专业培训，员工在培训过程中要做好培训记录，全面了解设施、设备操作流程。如在培训过程中出现疑问，应及时提出并现场进行解答，以便在日后的桥梁管养过程中能够应对和处理各种复杂的问题，培训完毕后宜进行现场操作，以确保员工在工程投入使用后能立即独立进行必要的操作、维护和故障排除。

（十）移交协议的签订

待项目完成各项程序后，即表明工程具备移交条件，建设单位、施工单位、管养单位、监交单位各方讨论同意设施移交后，共同签署移交协议，明确各方日后的权利和义务，接收方获得设施的管理权和使用权。接管单位（部门）产生争议的，由争议双方协商解决，协商不成的，报送共同的上级行政主管部门指定接管。

三、旧桥移交

旧桥移交意味着桥梁设施在建成后已有管养单位实施了管养工作，因故需移交给另一个管养单位。除需满足新桥移交的程序外，需要注意以下几点：①需要双方共同对既有桥梁设施进行检测评估，宜委托独立第三方进行。②根据上级和双方移交协议商议是否对既有缺陷进行整改修复。③资料交接中，除桥梁原有竣工资料外，还应有原管养单位历年的管养资料，包括且不限于有关的所有权证、资料、文件、档案及电子档，包括文字资料、竣工图、维护档案等。

四、桥梁运行管理考核标准及内容

桥梁监管部门对桥梁的考核工作做了许多有益的探索，但考核形式仍较为简单、零散，不够全面，无法较好地体现城市桥梁运行管理的实际需要，与城市桥梁全寿命周期内的管养工作要求还有较大差距。因此，城市桥梁运行管理应结合国家及地方标准的相关要求，统筹考虑桥梁综合考核体系如何进行完善，使考核体系更符合桥梁运行管理的需求。

（一）管养专业人员配置

根据桥梁的数量、桥型、养护等级等，配置相应的专业技术人员，专业技术人员应包括养护工程师、检测工程师（技术员）、施工员、质检员、安全员、档案（信息）管理员等。

其中，养护工程师、检测工程师应具有土木工程类专业本科以上学历，3年以上城市桥梁专业工作的经验，以及应获得中级以上技术职务任职资格。

检测技术员、施工员、质检员应具备土木工程类专业本科以上学历，或土木工程类专业专科学历，且有2年以上城市桥梁专业工作经验。

安全员应熟悉市政工程安全文明施工相关规定，并经安全员岗位培训考核合格。

档案管理员熟悉档案管理相关规范及规定并取得档案管理员资格；信息管理员为经培训能从事计算机或相关专业的人员。

（二）检测设备的配置及用途

1. 部分检测设备用途

桥梁检测主要是针对桥梁技术状况的检查检测，即查找桥梁缺陷，判别损伤的性质，找出病害发生的部位。同时分析其严重程度及发展趋势，找出产生缺陷和损伤的主要原因，分析和评价其对桥梁质量、使用承载能力的影响，为桥梁养护提供可靠的技术数据和依据。桥梁专用检测设备及仪器是指在常规定期检测过程中所用到的仪器设备，此类仪器设备的选用适宜桥梁常规定期检测项目为依据的。其作用是检测确定桥梁的功能状态和承载能力的变化，提供桥梁状态和退化评定的连续记录，以及为建立桥梁技术状况档案而获取相应数据。

（1）桥梁检测车

桥梁检测车可以为桥梁检测人员在检测过程中提供作业平台，并装备桥梁检测仪器，用于流动检测的专用车辆。其可以随时移动位置，能安全快速、高效地让检测人员进入作业位置进行检测。工作时也不影响交通，而且可以在不收回臂架的情况下慢速行驶。其工作原理是由液压系统将工作臂弯曲深入桥底，把电视摄像机送至检查部位拍摄图像，通过电视检查、录像机录像，能迅速准确地检查桥梁。目前，桥梁检测车可分为吊篮式和桁架式两类。

（2）超声波混凝土测试仪

超声波混凝土测试仪主要用于混凝土结构质量无损检测，适用于超声透射法检测基桩完整性、综合法检测混凝土抗压强度、结构混凝土缺陷探查、全波列岩石孔纵横波测试、岩体动力学参数测定。

（3）裂纹宽度探测仪

裂纹宽度探测仪是进行定期检测评定的重要内容。因此，裂纹宽度探测时应考虑选择在主要承载构件或承载构件的主要受力部位，或根据一般检查结果有迹象表明裂纹可能存在发展的部位。

（4）锈蚀仪

锈蚀仪可用于非破损检测混凝土结构中钢筋锈蚀程度。钢筋锈蚀的检测对于尽早发现和诊断钢筋锈蚀状态，确保结构耐久性与安全是十分必要的。混凝土结构中钢筋锈蚀量的非破损检测方法有分析法、物理法和电化法三大类。分析法是根据现场实测的钢筋直径、保护层厚度、混凝土强度、有害离子的侵入深度及其含量、纵向裂缝宽度等数据，综合考虑构件处的环境情况推断钢筋锈蚀程度；物理法主要通过测定钢筋锈蚀引起电阻、电磁、热传导、声波传播等物理特性的变化来反映钢筋锈蚀情况；电化法则通过测定钢筋或混凝土腐蚀体系的电化学特性来确定混凝土中钢筋锈蚀程度或速度。

（5）回弹仪

回弹仪可采用回弹法检测桥梁结构混凝土抗压强度。检测时测区选择应符合以下要求：每一结构的测区数量不小于 10 个，当某一个方向尺寸小于 4.5 m 且另一方向尺寸小于 0.3 m，测区数量不应小于 5 个；相邻两侧区的间距应控制在 2 m 以内，测区离结构端部或施工缝的距离不宜大于 0.5 m，且不小于 0.2 m；测区应均匀分布，结构的重要部位及薄弱部位必须布置测区，并避开预埋件；结构或构件的测区应有清晰的编号，且应在记录上描述测区布置示意图和混凝土外观质量情况。

2. 检测设备配置标准

根据桥梁的数量、桥型和承担的工作任务等，配置相应的桥梁检测评估与养护维修作业机具、设备。养护管理机构配置的桥梁检测设备应包括检测辅助设备和检测工具设备两类。

（1）检测辅助设备

对经常性检查和常规定期检测作业所需的检测工具设备应配置齐全。桥梁经常性检查和常规定期检测作业所需的检测工具设备包括钢刷、刮刀、锤子、望远镜、手电筒、带灯矿工帽放大镜、钢卷尺、裂缝测宽仪、读数显微镜照相机、摄像机、标示笔、标示牌等。

（2）检测工具设备

对结构定期检测和特殊检测作业所需的检测工具设备可适当配置。结构定期检测和特殊检测可按需配置的专用检测工具设备包括：经纬仪、精密水准仪、全站仪等测量仪器；混凝土强度回弹仪、超声混凝土测试仪、钢结构超声波裂纹探测仪、钢筋位置探测仪、钢筋保护层测试仪、钢筋腐蚀探测仪、氧离子测定仪等无损检测仪器；水下摄像机、透地雷达探测仪等特殊仪器。

（三）养护机具的配置及使用管理

桥梁养护机具是指用于桥梁养护和保障的各种机械设备，是城市桥梁机械化养护的物质基础，而且还必须具备设备先进、运行安全可靠、工作效率高、环保性能好、适合桥梁养护的作业特点。只有具备了这些特点，才能够适应城市桥梁养护的要求，体现预防性养护和桥梁病害维修相结合的原则，体现新材料、新工艺、新技术、新设备"四新"成果的应用原则。

1. 桥梁养护机具的使用管理

桥梁养护机具应统一管理、统一调度、规范使用，建立严格的岗位责任制，实行定人、定机、定职责等责任制度。正确使用桥梁养护机具，要求各工种都要建立岗位责任制，做到合理安排，科学调度，充分发挥养护机具的效能，提高利用率。

一般操作人员必须经过岗前培训后才能上岗作业，特种机具设备的操作人员还应取得有关部门颁发的证件，方可上岗作业。机具设备的操作人员必须掌握机具设备的构造、原理和性能，熟悉操作技术，遵守操作规程，认真做好例行保养工作，做到会使用、会保养、会检查、会排除故障，使机具设备经常保持整洁完好。机具设备应定期保养，做到不拖保、不漏项，及时修理，不得带病运行。严格执行保修规程和技术标准，确保保修质量，保持机具设备的技术状态良好，提高完好率。养护机具设备的技术状态应满足相关技术标准的要求，并按核定负荷作业，不得超负荷运行。

2. 安全作业保证措施

桥梁养护机具设备作业应坚持"预防为主，安全第一"的方针，建立健全养护机具设备安全生产制度，经常进行安全生产教育，定期或不定期地进行安全检查，采取有效措施，确保各类养护机具设备安全作业。养护机具设备的操作人员必须严格遵守安全操作规程，确保安全作业。机具设备的安全防护装置必须可靠，在危险环境作业，一定要有可靠的安全措施，使用和停放中务必注意防盗、防火、防冻、防风、防雷击等。

（四）检查方面考核

政府行政主管部门每年对桥梁监管机构进行一次综合检查考核，综合检查考核由检查考核与社会监督评价两部分组成。其中，检查考核评价由工程建设期参与及接管、监管、养护、桥梁实体考核等四类指标组成。检查考核占总分的90%，社会监督评价占总分的10%。考核方式采用百分制评分。

1. 检查考核的基本要求

综合检查考核应以每座桥梁为单位建立档案，档案内容应包括：桥梁主要技术资料，施工竣工资料，养护技术资料，巡检、检测、测试资料，桥梁自振频率等相关资料，并建立信息数据库，纳入桥梁信息管理系统管理。检查考核首先查阅各类资料台账，包括会议通知、会议纪要、往来文件、审批文件、移交与接管文件、组织机构设置、规章制度与职责、设计图纸、竣工图纸、工程竣工验收报告、招标投标文件、合同文件、材料台账、机械设备台账、检测报告、管养技术档案、书面及影像记录、媒体（网络）报道等。

现场检查包括：桥梁管养人员配置、仪器工具配置、机械设备配置、物资储备、资金储备、操作技术作业等，以及桥梁实体管养、养护工程施工质量安全管理、病害处置、灾害防治、应急处置措施、信息管理系统、监控系统及机电设备建设与运行情况等。

综合检查考核的评价等级可分为优良、合格和不合格三个等级，并按设定的控制项一般项和桥梁实体评定综合检查评价等级。一般桥梁实体的考核评价是通过现场检查桥梁设施的完好情况，对各检查项目进行现场考核与评分，并计算每座桥梁的累计评分值，再计算所有被考核桥梁的综合平均评分值，最后由综合平均评分值确定考核评价等级。例如：85 ≤综合平均评分值≤ 100，为"优良"；70 ≤综合平均评分值＜ 85，为"合格"；综合平均评分值＜ 70，为"不合格"。

优良等级应满足所有控制项的要求，即控制项的考核评价等级为"合格"，一般项的考核评价等级为"优良"，桥梁实体的考核评价等级为"优良"。

合格等级应满足所有控制项的要求，即控制项的考核评价等级为"合格"，一般项和桥梁实体的考核评价等级为"合格"或"优良"，且未全部为"优良"。

不合格等级为未满足所有控制项的要求，即控制项的考核评价等级为"不合格"，一般项的考核评价等级为"不合格"，桥梁实体的考核评价等级为"不合格"。

桥梁检查考核时，管辖范围内的桥梁被抽取的数量一般不少于 3 座，其中特殊结构桥梁、特大桥、大桥抽取的比例宜占 65%，中、小桥宜占 35%。为更好、更全面地评价其管养水平，对实行市场化养护作业的桥梁，所抽取数量可综合考虑合同期、考核频率等因素，确保所有桥梁在合同期内都能被考核不少于 1 次。

通过检查考核被评为"不合格级"或"危桥"的桥梁应立即采取措施，限制或封闭交通，设置明显的警示标志，并在 24 h 内向行政主管部门报告，等待处理。"危桥"应限期排除危险，而在危险排除之前不得使用，同时应增加日常巡检次数，必要时设专人专职管理。

2. 检查考核的内容

（1）桥梁永久性标牌设置

一般包括：按要求设置的桥名牌，按需要设置限高或防撞限高（限高架）通航、限载等交通警示牌，以及位于机动车道的桥墩及道路分流处的桥梁护栏、桥梁安全保护区域设置的警示标志，多跨结构桥梁的墩台及桥面编号等标识。通航标志的设置比较复杂，其设置的主体单位和管养单位各地市的执行情况存在差异，其归属存在不统一现象。城市桥梁管理单位应立足于桥梁的运行安全。对通航河道上的桥梁设置通航警示标志，引导船舶顺利通过桥孔，防止撞桥事故，有条件的单位可在必要时设置超载自动监控系统。

（2）养护管理机构及专业技术人员、设备配置

按相应规定设置养护管理机构及专业技术人员、设备配置，实行养护作业市场化或管养分离的，可根据管理职责配置专业技术人员。行政主管部门或城市桥梁管理单位应组织开展城市桥梁管养技术培训，且每年不少于 1 次，并公布城市规划区范围内桥梁管理单位及其职责。

作为保证安全生产的前提条件，现场养护作业人员应配备和正确使用必要的安全防护用具。养护作业安全防护用具包括人的安全防护用具、物的安全防护设施施工现场作业安全防护设施等，如安全帽、安全带（绳）、安全网、反光背心、工作服、反光路锥、防撞桶（墙）、隔离护栏（板）、隔离墩等。

（3）超限车辆过桥管理

超限车辆过桥应按经审批的方案实施，可由城市桥梁管理单位派专人指挥，并详细记录存档。超重车辆过桥后，桥梁管理单位应对桥梁进行检查，确保桥梁完好。

（4）安全保护区隐患调查

安全保护区隐患调查主要为开展安全保护区内的地质灾害调查和治理工作，主要包括下列内容：河道采空区，河道陡坎应采取抛填片石、防止冲刷和崩塌等治理措施，确保河床稳定。发现河道漂石、漂浮物应采取清除、固定措施。发生边坡或堤岸崩塌应采用排水、减重、支挡等综合治理措施。

参考文献

[1] 卞俊.公路桥梁施工安全管理对策思考 [J].产业与科技论坛，2013（16）：225-226.

[2] 陈秋霞.基于 BIM 技术的高速公路工程施工进度管理优化研究 [D].重庆：重庆大学，2023.

[3] 陈喜.基于政府视角的农村公路工程施工质量监管研究 [D].杭州：浙江大学，2022.

[4] 段东海.公路工程质量管理控制浅析 [J].建材发展导向，2022（16）：184-186.

[5] 贺学业，曾广忠.公路桥梁检测技术的应用探讨 [J].人民交通，2020（01）：72+74.

[6] 孔祥君.公路路基施工中冲击压实技术研究 [J].交通世界，2023（14）：51-54.

[7] 黎栋家，杨盼杰，曾有凤.倒 T 型钢＋ UHPC 桥面结构研究 [J].西部交通科技，2022（11）：153-156.

[8] 李成虎.道路桥梁工程管理中动态质量控制方法的应用 [J].低碳世界，2022（05）：130-132.

[9] 李继业，董洁，张立山.城市道路工程施工.北京：化学工业出版社，2017.

[10] 李小庆.浅谈公路桥梁施工项目管理优化的策略 [J].工程建设与设计，2019（04）：246-247.

[11] 李云峰，王仁山，吴尚峰.公路工程质量管理标准化探析 [J].交通世界，2020（32）：156-158.

[12] 刘福春.公路桥梁工程伸缩缝施工技术研究 [J].江西建材，2023（03）：256-257+260.

[13] 刘海燕.公路工程施工进度管理中存在的问题及应对措施 [J].工程技术研究，2022（11）：136-138.

[14] 刘海燕.公路工程施工进度管理中存在的问题及应对措施 [J].工程技术研究，2022（11）：136-138.

[15] 刘沐宇，梁磊，吴浩，等.海洋桥梁工程全寿命管理维护战略探讨 [J].中国工程科学，2019（03）：25-30.

[16] 罗春德，尹雪云，李文兴.公路桥梁工程施工技术与养护管理 [M].长春：吉林科学技术出版社，2022.

[17] 孟祥德.道路桥梁工程桩基础干成孔旋挖桩施工技术分析 [J].工程技术研究，2023（06）：211-213.

[18] 孟祥启.公路桥梁工程项目的成本管理策略思考 [J].江西建材，2017（07）：252+255.

[19] 秦炜.桥梁工程项目施工安全管理与评价研究 [D].西安：西安建筑科技大学，2016.

[20] 任传林，王轶君，薛飞.公路工程施工技术 [M].长春：吉林科学技术出版社，2019.

[21] 宋亚南.桥梁工程冻土区桩基础施工技术研究 [J].中华建设，2023（08）：169-171.

[22] 孙德波 . 公路工程施工现场安全管理标准化建设与提升路径 [J]. 建筑与预算，2021（10）：14–16.

[23] 孙珊珊 . 公路桥梁工程钻孔灌注桩施工技术研究 [J]. 交通世界，2023（17）：171–173.

[24] 谭建德 . 公路工程施工现场安全管理标准化现状及趋势展望 [J]. 大众标准化，2023（09）：151–152+155.

[25] 谭艳佳 . 公路路基施工中的注浆加固施工技术分析 [J]. 黑龙江交通科技，2023（05）：70

[26] 田岷 . 公路工程项目施工进度管理研究 [J]. 中国设备工程，2020（10）：223–224.

[27] 王展望，张涛锋，张林 . 公路与桥梁工程施工及质量控制研究 [M]. 西安：西安交通大学出版，2021.

[28] 王正浩 . 高速公路工程建设项目施工阶段质量管理研究 [D]. 锦州：辽宁工业大学，2021.

[29] 温茂彩，胡建新，龙芳玲 . 桥梁工程施工与加固改造技术 [M]. 武汉：华中科技大学出版社，2021.

[30] 吴鸿 . 公路工程施工废弃泥浆的无机固化处理与资源化利用技术研究 [D]. 重庆：重庆交通大学，2023.

[31] 颜范富 . 公路工程沥青路面施工现场试验检测技术研究 [J]. 建材发展导向，2023(16)：57–59.

[32] 杨海燕，曲建涛，张德轶 . 公路工程施工及成本管理研究 [M]. 延吉：延边大学出版社，2022.

[33] 杨娟 . 对道路桥梁工程管理中存在问题的研究 [J]. 四川水泥，2018（11）：47.

[34] 杨君 . 公路工程施工现场管理 [J]. 运输经理世界，2023（09）：36–38.

[35] 于涛荣 . 公路桥梁施工项目管理的特点与方法研究 [J]. 工程建设与设计，2021（06）：203–204.

[36] 袁江 . 高速公路工程施工与管理 [M]. 长春：吉林科学技术出版社，2022.

[37] 张俊富 . 预应力技术在公路桥梁工程施工中的标准化实践 [J]. 交通科技与管理，2023（15）：153–155.

[38] 张泽然 . 高速公路路基施工中巨粒土填筑技术的应用 [J]. 工程建设与设计，2023（11）：115–117.

[39] 周玲，许雯，高晨珂 . 道路工程 [M]. 西安：西安交通大学出版社，2022.

[40] 朱继宗 . 公路桥梁工程施工风险评估与安全管理策略 [J]. 建筑工人，2023，44（07）：27–30.